Big Fat Cat GOES TO TOWN

Takahiko Mukoyama
Tetsuo Takashima
with studio ET CETERA

위즈덤

• 영어를 이해하는 데 굳이 번역문은 필요하지 않다는 저자의 뜻에 따라 우리말 해석을 싣지 않았습니다. 하지만 이 책을 다 본 후에 정확한 번역을 확인하고 싶다면 윌북 영어 카페에 들러주세요. 언제든 환영합니다.
cafe.naver.com/everville

이미 고양이 빅팻캣과 에드를 알고 계신 여러분,
다시 만나게 되어서 반갑습니다.

그리고 이 책이 처음인 여러분, Big Fat Cat의 세계로 초대합니다!

1권과 달리 〈Big Fat Cat Goes to Town〉에서는
불과 몇 시간 동안의 사건이 극적으로 펼쳐집니다.

1권의 이야기를 알고 계신 분은
페이지를 넘기거든 오른쪽 페이지로 가서 곧장 에버빌로 향해주세요.

〈Big Fat Cat and the Mustard Pie〉를 읽지 않으신 분은
우선 다음 페이지의 줄거리를 한번 훑어보시고 에버빌로 가주세요.

자, 그럼 에버빌에서 만나요! 즐거운 여행이 되기를!

지금까지의 줄거리

사람 좋은 청년 에드 위시본은 파이 헤븐이란 파이 가게를 열자마자 특하면 파이를 훔쳐 먹는 뚱보 고양이가 골칫거리였다. 그러나 엉뚱한 일로 고양이를 도와주게 된 에드는 고양이를 가게에서 기르게 되었다. 잘 길들이면 나쁜 버릇이 없어질 줄 알았지만 고양이는 조금도 나아지지 않았고, 에드가 눈만 뗐다 하면 유독 가장 잘 팔리는 블루베리 파이를 먹어치우기 일쑤였다. 혼을 내주려고 매운 걸 질색하는 고양이에게 엄청난 양의 머스터드가 들어간 파이를 주려 하지만, 고양이의 영악함과 에드의 사람 좋은 성품 때문에 실패로 끝나고 만다.

파이 가게는 신통치 않았지만, 그런대로 평화로운 일상은 영원히 계속될 것 같았다. 그러나 잿빛 모자를 쓴 남자가 갑자기 가게에 나타나 에드의 소박한 행복을 깨뜨려버렸다. 남자가 들이민 것은 퇴거통지서. 에드의 가게가 들어 있는 아웃사이드 몰이 내일 철거된다는 것이다!

당황한 에드는 아웃사이드 몰의 주인에게 자초지종을 듣기 위해 사우스 에버빌의 고급 주택가로 달려가지만, 주인은 집에 없었다. 게다가 아무리 기다려도 주인은 돌아오지 않았다. 결국 추위에 떨면서 밤을 보내고 난 후, 날이 밝자 창문으로 집 안을 들여다본 에드는 아연실색했다. 텅 빈 집. 주인은 이미 달아나버린 것이다.

에드는 어떻게 해야 할지 모르는 채로 아침을 달리는 버스에 몸을 싣고 가게로 돌아왔다. 차 안에서 마지막까지 싸워서 가게를 반드시 지키리라는 결심을 한다. 그러나 아웃사이드 몰로 돌아온 에드를 기다리고 있는 것은 이미 반이 잘려나간 파이 헤븐의 무참한 모습이었다. 에드에게 남은 것은 무너져 내리려는 건물에서 가까스로 구출한 고양이뿐. 하루아침에 모든 것을 잃고 고양이와 함께 추운 겨울 거리로 쫓겨난 에드, 그저 산산조각이 난 자신의 꿈을 바라볼 수밖에 없었다…….

Big Fat Cat Goes to Town

'go to town'이라는 말을 들으면 어떤 이미지가 떠오르나요?
시내로 가다, 즉 번화가로 가는 게 생각나나요?
아니면 뉴욕 같은 대도시로 여행을 떠나는 것?
혹은 성인이 되어서 부모 품을 떠나 제 길로 떠나는 것?

이제 소중한 것을 잃어버린 에드는 다시 도시로 떠납니다.
사람은 누구나 한번은 떠나야만 하죠.
저 크고 화려한, 그러나 때로는 차갑기 그지 없는 도시로.

It was sunset on Valley Mills Drive, one of the two main roads of Everville. Ed Wishbone and his cat slowly walked along the road toward the center of town. Valley Mills Drive runs straight through the middle of Everville and into the Spyglass Mountains. A lot of people travel on this road.

Most of them use cars.

Until yesterday, Ed was a reasonably happy man owning a
small pie shop.

　　Now Ed had no home, no shop, no job, and no place to sleep.
He hadn't slept all night and was very, very tired.　On top of this,
it had started raining a while ago.

Ed had only a half-broken umbrella which he had found
in the remains of his shop. Now he was homeless, shopless,
unemployed, sleepy, and also wet. He was so tired that he didn't
even realize the rain had stopped.

Ed Wishbone had lost everything in one day.

Well, almost everything.

"Ouch!"

Ed jumped at a sudden pain in his left leg. The cat had
scratched him.

"What are you doing!?"

The cat scratched him again and jumped at the bag Ed was
holding.

"Ow! I understand, okay!?"

Ed found a spot by the road and sat down. The cat could not
wait. It scratched at the bag's zipper with its front paw.

"Okay, okay."

Ed snatched the bag away from the cat. The cat attacked back angrily.

Ed opened the bag and took out a barbecued beef sandwich. He had bought it at a roadside shack several hours ago and had almost forgotten about it. He tore off a small piece and held it out to the cat. The hungry cat jumped up and snatched the other half instead.

"Cat! Give that back! You...!!"

The cat dashed away with most of the sandwich in its mouth. Ed sighed and shook his head.

"Never mind."

Directly in front of Ed, a huge roadside billboard advertised
the New Everville Mall. Across the top of the billboard, "The
New Everville Mall" was printed in golden letters, along with the
phrase "Never too late to join the fun!" A beautiful picture of
the mall was below the words.

Ed read the words to himself as he nibbled the remains of his
sandwich. He felt so small.

There were also a few lines printed in the lower right corner of the board.

빈 가게　　　　안마당
Vacancy in Food Court.

Ed read it once more as if he didn't understand.

Vacancy.

No way, a voice inside him said. *Don't even think about it. You
필요로 하다　　　　　　　　　　임대료　선불
know they require more than a year's rent in advance. You barely have
겨우
enough money for two months' rent. You are going to embarrass yourself if
지원하다　　　　창피하게 하다
you apply. Forget it, Ed.*

Still, Ed continued to stare at the billboard. The cat had finished its sandwich and was scratching at the bag for more.

Ed moved the bag to his other side without taking his eyes off the sign. The cat moved to his other side too. It apparently recognized the smell of blueberries from the rolling pin inside the bag.

"Cat, stop that. I'm going to..."

Ed stood there, dazed. Brown water dripped from his hair. The limousine stopped and backed up a few yards, and a man about the same age as Ed spoke through the rear window.

"Sorry about that."

Ed just nodded. Water continued to drip from his hair.

A well-groomed white cat also popped its head out of the window. An expensive kind of cat. The Big Fat Cat saw it and looked away. The white cat just smirked.

"Here. Take this."

The man in the limousine grabbed Ed's hand and stuffed a piece of paper into it. The rear window closed and the limousine drove away, leaving Ed still dripping.

Ed looked at the piece of paper in his hand.

"Come on, cat. We have to get to the motel before dark," Ed said weakly, and started to walk again.

He took one last good look at the billboard before he left and decided to forget about it.

So he did not know why he was here.

"Okay. Now. You stay here quietly, all right?" Ed said to the
cat. But the cat was still busy trying to get at Ed's bag. It slapped
찰싹 때리다
his face with its tail.

"Right," Ed answered for the cat, and stood up. He needed
뽑아내다   발톱
to pry the cat's claws from his bag to do so.

The New Everville Mall loomed before him. The mall
contained three department stores, nine restaurants, more than
forty retail shops, and a movie theater. It really was big compared
to the Outside Mall, but it seemed even bigger to Ed. Everybody
went shopping here. *Everybody.*

"Stay here, okay? Stay!" Ed shouted to the cat one last time
as he entered the mall. The cat just snarled, looking at him
dubiously.

The mall was relatively empty since it was a regular weekday evening. The smell of aromatic candles from a gift shop was heavy in the air.

Ed walked down the corridor, took a left, and continued on to the Food Court.

The Food Court was a large area in the center of the mall. There were all kinds of fast food stores surrounding it. Some were local, some were nationwide franchises.

Ed sat down on a bench facing the south side of the court. And there it was. Two completely vacant spots. One large, one small. Ed gulped.

No way, the voice inside him repeated. *If you think you're going to have a store in here, you're crazy.*

But Ed kept staring at the vacant spots. Mostly the smaller one. It was probably the smallest store space in the 전체의 entire mall, but it was perfect for his pie shop. He could almost imagine the 간판 sign. It would be a handmade, hand-painted 나무로 된 wooden sign. He would sell slices of pies in 삼각형 triangle-shaped 판지 cardboard boxes. People would eat his pies while walking around the mall.

There would be Sweet Apple Pies with Whipped Cream... Deluxe Cherry Pies... Brownies... and of course, Blueberry Pies...

Stop dreaming, Ed. You never do anything right. Don't you remember your first date? Your job in the city? Pie Heaven? Life isn't a blueberry pie, remember?

Ed closed his eyes very hard and tried to stop the voice.

He knew he would never be a great pie baker. He knew he didn't belong here.

But he knew he had to try at least one more time.

Ed stood up.

He found the manager's office on a map by the Food Court, took a deep breath, and headed there. His hands were shaking.

His forehead broke out in a cold sweat. The voice in his head kept telling him he should stop right now.

The office was down a long hallway. Ed's heart was pounding by the time he came to the end of it. Around the corner, a small door welcomed him. A sign on the door read, "Mall Management."

The office was located quite a distance from the stores, so it was really quiet there in the hallway. The only sound was the low mechanical noise of the air-conditioner.

Ed took another deep breath and knocked twice. The sound of the knock seemed too loud. Ed cringed.

"Come in," a voice called from within the door. Ed opened the door slowly.

The room was filled with well-polished antique furniture. A thick, soft carpet covered the floor. The air itself smelled expensive.

Ed felt a cold shiver as he remembered his damp, battered coat and dirty clothes. The voice in his head grew louder and louder. Ed wanted to turn around and go home, but it was too late.

He didn't have a home anymore.

"What can I do for you?"

The owner of the mall was a short, round man with a
mustache. His voice was calm and steady. Ed relaxed a bit.

"My name is Ed Wishbone, sir. I saw your ad for the
vacancies in the Food Court and was wondering if I could apply."

"What do you sell?"

The owner asked with a polite smile.

"Uh... pies. Homemade, country pies. The traditional kind."

"Oh. Well, that sure is a coincidence. Wouldn't you agree,
Mr. Lightfoot?"

The owner turned toward a sofa at the far side of the room.

The man from the limousine was sitting on the sofa with the white cat on his lap. He recognized Ed and seemed surprised.

"Yes. A coincidence. A very bad coincidence. Since I have just acquired the two vacant spaces for a Zombie Pies store. I'm sorry, but you should look somewhere else, Mr.... uh... Homemade Pie."

Ed looked past the man with the cat and found a black man standing behind the sofa. He was really tall and sturdily^{건장하게} built. Almost twice as large as Ed. His eyes were fixed^{고정된} on Ed.

Ed backed up a step. Now his legs were shaking too. He knew who the man with the cat was. Everybody in Everville knew.

The man's name was Jeremy Lightfoot Jr., the son of Jeremy Lightfoot, founder^{창립자} and leader of the Everville Rehabilitation^{재건} Project. One of the richest men in town. Or maybe the state.^주

"Now, Mr. Lightfoot. We have agreed on the larger space, but
I said I would prefer a different store for the smaller space."
{.annot 선호하다}

The owner frowned.
{.annot 얼굴을 찌푸리다}

"Mr. Owner, you don't understand. Zombie Pies needs room.
We need both spaces."

Jeremy spoke in a forceful tone, but the owner ignored him
{.annot 강력한} {.annot 무시하다}
and approached Ed eagerly.
{.annot 접근하다} {.annot 적극적으로}

"Two pie stores... one traditional and one... umm...
innovative... not bad."
_{혁신적인}

The owner studied Ed from head to toe. His eyes stopped
_{발가락}
at the bag Ed was holding. Ed hid the bag behind his back as
casually as possible, but the owner had enough time to see the
_{아무 일 없다는 듯이}
rolling pin sticking out of the bag.
_{내밀다}

"How much money do you have, Mr. Wishbone?"

Ed told him. Jeremy heard the amount and let out a scornful
_{금액} _{업신여기는}
laugh. The owner just nodded. Ed blushed.
_{얼굴이 발갛게 되다}

"Mr. Homemade Pie, you don't understand."

His patience running out, Jeremy's voice changed to a harsh
tone.

"This is big business we're talking here. It's not a hot dog
stand in a parking lot. Zombie Pies already operates in fourteen
locations around the state, and we're growing quicker than any
other fast food chain around. Our most popular product, 'The
Pie from Hell', sells over 10,000 slices per day. You are way out
of your league."

Jeremy shook his head. Ed swallowed his breath, and was

about to walk away when the owner spoke.

(꿀떡) 삼키다

"Wait, Mr. Wishbone. What about you? Don't you have a

sales pitch?"

(선전) 문구

Ed stopped, glanced at the owner, and lowered his eyes. He

낮추다

wanted to say something intelligent, but he couldn't think of

anything.

"I'm... I'm sorry, sir... I just like to bake pies," he said half in

tears.

Jeremy laughed as if this was a big joke, but the owner continued to stare at Ed with a very serious face. Ed just stood there looking at the carpet.

The owner finally spoke.

"I'll tell you what, Mr. Wishbone. You pay me next month's rent before the mall closes today, and the smaller space is yours."

"What!?"

Jeremy stood up in astonishment. The white cat jumped out of his lap.

"What did you just say?"

"I said I will rent the smaller space to this man, Mr. Lightfoot. Not everybody likes pies with green or purple frosting. I myself prefer an apple pie better than a pie from hell."

"But this man is..."

The owner cut Jeremy off mid-sentence and said to Ed.

말의 중간

"Well, if you want the place, you better hurry. The mall closes at nine. You have just about an hour."

"But..."

Ed was about to say something, but the owner gently pushed him out the door with a wink. The door closed, and Ed stood there in the hallway alone. He could hear Jeremy saying something behind the door.

Ed took a step away from the door and almost fell down.
His legs were really weak. He could not believe what had just
happened.

Still in a dazed state, he started walking down the hallway.
Past the restrooms, the video arcade, and back into the Food
Court. A surge of noise welcomed him. Kids shouting,
parents shouting after them, lots of music from various
storefronts, and the sound of a giant metal clock striking the hour.

    Ed shook his head and stared at the metal clock. Eight
o'clock. One hour before closing time.
    Ed started slowly toward the exit, but was almost running
by his third step. The twenty-four hour bank machine was just
across the intersection.^{교차로} He could easily get there and back in an
hour.

Ed burst out of the Truman's Department Store exit and crossed the parking lot at full speed.

Once outside, the voice in his head started whispering again.

Something will go wrong, Ed. You know that. You're going to be late again.

Ed was always late.

He was always late for school. He was always late for supper. He was always the last person to find a partner for dance parties. He was always late for everything.

And he knew he would be late again this time.

Ed dashed to the intersection of Valley Mills Drive and Lake Every Drive. He was in such a hurry that he ran across the street without looking. A car almost hit him. He dove to the ground, 뛰어들다 but hurried to his feet again. 서두르다

Something would go wrong. The bank machine would be
out of order. Or perhaps too busy. Maybe he had not
remembered his total balance correctly. He would probably be
one dollar short. Maybe just one dime short.

Ed sped across the sidewalk to the bank. The bank seemed to
be open. But he knew. He just knew something would go wrong.
It was too good to be true.

But everything went fine.

Thirty minutes later, Ed returned to the mall's parking lot with all his money in his bag. The entrance to the mall was only a hundred feet away. He thought for the first time that maybe it was going to work after all.

He remembered seeing the mall from the bus this morning. It seemed like a long time ago. Everything else seemed like a dream.

The cat, which was lying near the entrance noticed Ed coming back, or rather noticed the bag coming back. It charged toward the bag and before Ed could dodge aside, jumped at the bag.

Ed was caught totally off-balance and tumbled to the ground. The bag bounced on the parking lot asphalt and the rolling pin inside was thrown out.

"Cat! Stop.."

Before Ed could say another word, a black limousine came
speeding across the parking lot. It had followed Ed stealthily all
the way from the bank.

The limousine skidded up right behind him. Before Ed could
turn around, a hand shot out from the window to grab the bag.

Purely by instinct, Ed tried to grab the bag first. But the car
was still skidding, and the rear end hit Ed on the side. He was
flung away into the bushes. He fell hard and rolled over on his
back. As the car drove away, he caught a glimpse of the driver.

A tall black man.

"My money... somebody... somebody help!"

Ed got to his feet but fell down again. He was dizzy. The
world around him was spinning.

It was then that he realized the cat was nowhere around.

"Cat? Cat!? Where are you!?"

Ed shouted as loud as he could, but the world around him was
becoming darker and darker. No answer came back from the cat.
Something warm was running down his head.

In the corner of his eye, the advertising slogan "Never too late
to join the fun!" flew by, but the "too late" seemed brighter than
the other words. He looked around desperately for the cat one last
time before he began to faint.

"Cat..."

"Where are you....?"

to be continued:

A cat lost in town.
A man lost in life.

"Big Fat Cat and the Ghost Avenue"

〈빅팻캣, 도시로 가다〉 꼼꼼히 읽어보기

이번 이야기의 무대는 미국의 대형 쇼핑몰입니다.
대도시에 비하면 애버빌의 쇼핑몰은
미니어처만 한 크기에 불과하지만,
필요한 건 뭐든지 갖추고 있어요.

이야기를 읽고 나거든 에드 일행의 뒤안길도 살펴보세요.
틀림없이 여러 가지 새로운 발견을 할 수 있을 겁니다.

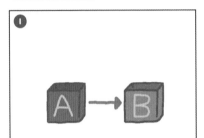

영어 문장은 대부분 왼쪽 그림처럼 A 상자와 B 상자, 그리고 두 상자를 연결하는 화살표로 이루어져 있어요.

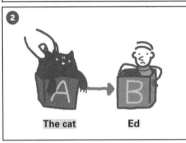

The cat **Ed**

빨간 A 상자에는 문장의 〈주인공〉을 넣고, 파란 B 상자에는 그 대상이 되는 〈조연〉을 넣어요. 주인공과 조연이 되는 단어들은 '사람', '동물', '사물', '생각' 등인데, 이들은 문장 속에서 각자 어떤 역할을 담당하는 '배우'입니다. 여기에선 A 상자에 **The cat**을, B 상자에 **Ed**를 넣을게요.

화장문
화장품   with an ugly grin   화장품
big fat   laughing
**The big fat cat
with an ugly grin**   **laughing Ed**

얼굴에 화장품을 안 바르는 배우는 거의 없죠? 주인공이나 조연은 대개 자신을 꾸미는 갖가지 화장품을 앞에 붙이고 상자에 들어간답니다. 대신 너무 긴 〈화장품〉은 '배우'의 뒤에 붙으며 〈화장문〉이라고 불러요. 〈화장품〉이나 〈화장문〉은 배우들이 어떤지 자세하게 설명해주는 역할을 합니다.

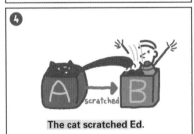

scratched
The cat scratched Ed.

녹색 화살표는 주인공이 조연에게 '무엇을 했는지'를 말합니다. 여기서는 scratched(할퀴었다)가 화살표에 해당되겠죠? 어느 문장에나 오른쪽으로 향하는 화살표가 있다는 사실을 기억하세요. A 상자, B 상자, 녹색 화살표. 자, 이 세 가지로 'A가 B에게 무엇을 했다'는 문장 형태가 완성되었네요. 바로 이 A→B가 영어 문장에서 가장 기본이 되는 형태입니다. 어떤 문장을 보고 A, →, B만 잘 찾을 수 있다면 이미 그 뜻을 안 셈입니다.

⑤ The cat scratched Ed in the kitchen.
부록

상자에 들어가지 않고 남은 부분은 〈부록〉입니다. '시간', '장소', '어떻게' 등을 표현하는 단어로, 그다지 중요하지 않습니다. 빼고 생각해도 될 정도죠.

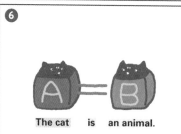

⑥ The cat   is   an animal.

A→B 이외에 자주 쓰는 문장 형태가 두 개 있어요. 첫 번째는 A=B로, 〈등호문〉이라고 합니다. A 상자와 B 상자에 같은 대상이 들어가는 경우나 A에 관한 설명이 B 상자에 들어가는 경우를 말하는데요, 'A는 B다' 혹은 'A가 어떠하다'로 풀이되는 문장입니다. 이런 문장에서는 대개 =의 위치에 be의 친구들(is, am, are, was, were) 중 하나가 들어간답니다.

⑦ The cat   slept.

두 번째는 화살표 동작을 주인공 혼자서 다 해버리는 경우를 말해요. 이 경우, 당연히 B가 필요 없으니까 A만으로 문장이 완성되죠. 왼쪽 그림을 보세요. 고양이가 slept, 즉 자고 있으니까 이 문장에선 당연히 B 상자가 없어도 되겠죠?

⑧

이외에도 가끔 특수한 문장 형태들이 있긴 하지만, 영어 문장은 앞에서 말한 세 가지 형태가 가장 기본입니다. 간단하죠? 영어란 뚜껑을 열고 보면 이렇게 간단한 언어랍니다. 특수한 문장 형태들은 등장할 때마다 해설하는 과정에서 설명하도록 할 테니 너무 걱정 마세요.

요점 정리
각 페이지의 요점을 한 줄로 정리했어요!

쪽 표시
본문이 실린 쪽수를 표시해두었어요!

---

p.12~13 대형 간판 아래서

Directly in front of Ed, a huge roadside billboard advertised the New Everville Mall.

A→B   Directly는 '장애물 없이 직접'이란 뉘앙스가 있는 단어입니다. Ed의 눈앞에 가득 billboard가 펼쳐지고 그 사이를 방해한 것은 아무것도 없었다는 의미지요.

Across the top of the billboard, "The New Everville Mall" was printed in golden letters, along with the phrase "Never too late to join the fun!"

A=B   마지막 문장은 본래 It is never too late to join the fun! 여기서 It은 친숙한 '시간'의 대역입니다. 'late'를 'never'로 강하게 부정하여 '언제라도 늦지 않았다'란 의미가 되지요. '늦지 않은' 것은 to 이하, 즉 to 이하를 하기에 결코 늦지 않았다는 뜻입니다.

A beautiful picture of the mall was below the words.

A=B

Ed read the words to himself as he nibbled the remains of his sandwich.

A→B   to himself는 '그 자신에게'이고, '그 자신에게 읽어주었다'란 말은 곧 '혼잣말로 중얼거렸다'란 뜻입니다. as 이하는 '시간'의 부록이지만, 두 개의 독립된 문장이 연결된 것으로 생각해도 좋습니다. nibbled는 '조금씩 물어뜯다, 야금야금 갉아먹다'란 의미로, 쥐가 주인공이 되는 문장에서 자주 쓰여요.

He felt so smell.

A↺   이 문장은 A=B라 생각해도 됩니다. 이해하기 쉬운 쪽으로 읽어주세요.

미국 고속도로에는 좌우에 거대한 입간판이 늘어서 있어요. 2층집만 한 크기가 있는가 하면 어느 간판이나 화려하고 유머러스해서, 메마른 고속도로 여행에서 운전자의 눈을 즐겁게 해주는 유일한 볼거리지요. 이제는 이런 간판이 미국의 문화를 대표하는 예술의 하나가 될 법도 한 것 같아요.

색깔 구분
앞서 설명한 '영어의 구조'에 따라 A 상자에 들어가는 〈주인공〉을 빨간색, 화살표를 초록색, B 상자에 들어가는 〈조연〉을 파란색으로 구분해두었어요! 처음에는 어색하더라도 계속 보다 보면 저절로 어순 감각이 생기므로 눈여겨봐주세요.

문형
A→B, A=B, A↺ 중 어떤 형태인지 표기했어요! 물론 일부는 특수한 형태도 있습니다.

문장 해설
색깔 구분이나 문장 형태만으로 이해하기 어려운 문장도 있겠죠? 그런 경우를 위해 문장 요소를 자세히 설명했어요!

Coffee Break
쉬어가는 페이지를 말합니다. 본문을 읽을 때 도움이 될 만한 짧은 지식을 실었으니 단숨에 읽고 넘어가세요. 종종 '커피타임'이라고 불리지만, Coffee Break가 맞는 표현이랍니다.

알아두면 편리한 용어 모음

[부정문]

화살표 주변에 no, not, never 등이 있는 문장은 부정문이에요. (주의! don't나 didn't 등도 do not과 did not의 줄임 형태이므로 not이 포함되어 있습니다.) 부정문은 아래와 같이 부정문이라고 표기했어요. '~하지 않는다'나 '~라고는 할 수 없다' 또는 '~이/가 아니다'로 생각하면 됩니다.

The cat didn't like Ed. A→B (부정문)

[명령문]

명령조로 말하고 싶을 때 영어에서는 주인공(A 상자)을 생략해버립니다. 가장 중요한 주인공을 생략해서 주인공의 지위를 낮추고 동시에 동작을 나타내는 화살표를 문장의 첫머리에 두어 '중요한 것은 주인공이 아니라 동작'이라는 것을 강조합니다. 이런 문장은 아래와 같이 표기했습니다.

Scratch Ed! (A)→B (명령문)

[연결문]

둘 이상의 문장이 and나 but으로 이어진 경우에는 아래와 같이 표기했어요.

Ed threw the pie and the cat chased it. and 연결문 ((A→B and A→B))

[접착제]

in, on, at, of 등 해석할 수 없는 짧은 단어가 바로 접착제입니다. 접착제는 다른 단어에 꽉 붙어서 의미에 깊이를 더해줍니다. 대표적인 접착제는 다음 아홉 개로, 각 접착제가 가지는 의미를 그림으로 나타냈으므로 참고하세요.

in / out : 어떤 틀을 정하고 그 안에 들어가 있으면 in, 그 속에 없으면 out

of : 그룹에 소속된 of. 상자 속 보라색 구슬이라는 그룹에 속하므로 of

on / off : 표면에 접촉되어 있으면 on, 접촉되어 있지 않으면 off

for : '선물을 드린다' 같은 따뜻한 마음이 담긴 for

to : 어떤 범위를 향해 가는 to

by : 흔들리지 않는 뭔가에 기대는 by

at : 좁은 곳을 뾰족한 것으로 공격하는 듯한 at

이번 이야기는 두 번째 이야기라 앞 권보다 해설을 좀 더 넣었습니다. 다만 해설은 '영어의 감각'을 체험하기 위한 것이니까 무리해서 암기할 필요는 없습니다. 마음 편히 즐기면서 자연스럽게 머리에 입력이 될 때까지 기다려주세요.

It was sunset on Valley Mills Drive, one of the two main roads of Everville.
해질녘   밸리   밀즈   도로

    A=B   이번에도 친숙한 '시간'의 대역 It으로 막이 오릅니다. on Valley Mills Drive는 '장소'의 부록이며, 쉼표 이하는 Valley Mills Drive를 구체적으로 설명하는 부분이에요.

Ed Wishbone and his cat slowly walked along the road toward the center of town.
~을 따라   ~쪽으로

    A↺   slowly는 '어떻게'의 부록이고, along 이하는 전부 '장소'의 부록입니다.

Valley Mills Drive runs straight through the middle of Everville and into the Spyglass Mountains.

    A↺

A lot of people travel on this road.

    A↺

Most of them use cars.

    A→B   them은 앞 문장에 나오는 A lot of people의 대역이에요. 'A lot of people'의 'Most(과반수)'라니까 까다로워 보이지만, '대다수의 사람' 정도로 생각하면 된답니다.

54

Everville 북쪽에 있는 Spyglass Mountain의 spyglass는 소형 망원경을 말해요. 단어를 찬찬히 살펴보면 spy와 glass의 합성어이므로, 'spy 행위를 하기 위한 glass(유리)', 즉 휴대하기 편한 '소형 망원경'임을 짐작할 수 있지요. 글자를 잘 보면 의미를 알 수 있는 단어랍니다. 혹시 이 산(Mountain)에서 옛날 적의 침입과 공격에 대비하여 망원경으로 감시를 한 건 아닐까요?

---

pp.8~9 에드의 현재 모습

비교적 　　　　　　　　　　　　 소유하다
Until yesterday, Ed was a reasonably happy man owning a small pie shop.

A=B　　B 상자에서는 man이 핵심 단어로 나머지는 전부 화장품과 화장문입니다. 흑백을 분명히 표현하는 단어가 많은 영어에서 reasonably는 그리 흔치 않은, 의미가 애매모호한 단어입니다. '좋지는 않지만 나쁘지도 않은, 군이 말하자면 그런대로 괜찮은' 정도로 평가를 내릴 때 자주 써요. 우리말에는 이런 표현이 많지만 영어에서는 흔치 않은 표현이랍니다.

Now **Ed had no home, no shop, no job,** and **no place to sleep.**

A→B　　1권의 〈Big Fat Cat Column〉에서 다룬 적이 있는 nothing, nobody와 같은 '투명한 대역'의 여러 변형이 나옵니다. '존재하지 않는 집', '존재하지 않는 가게', '존재하지 않는 잠자리' 등을 '가지고 있다'고 써서, 가지고 있는 것이 없음을 우회적으로 나타내지요.

He hadn't slept all night and **was very, very tired.**

and 연결문 A⤴ and (A)=B 부정문(앞의 절반)　　and 앞부분은 1권에서 말한 〈흑백모드〉입니다. 더 먼 과거를 표현하고자 할 때 쓰지요.

On top of this, it had started raining a while ago.
_{조금} _{전에}

A→B 문장의 첫머리에 나온 부록 On top of this의 this는 '에드의 불행한 상태'를 설명한, 앞에 나오는 두 문장의 대역입니다. 그러잖아도 불행한 상태에 빠져 있는데 엎친 데 덮친 격으로 위의 내용까지 일어났다는 의미지요. it은 '시간'의 대역과 쓰임이 같지만, 이 문장에서는 '날씨'의 대역입니다. '날씨'도 종종 가공의 대역 it을 첫머리에 써서 설명해요.

Ed had only a half-broken umbrella which he had found in the remains of his shop.
_{잔해}

A→B which 이하는 umbrella(우산)의 화장문입니다. half는 하이픈(-)을 붙여 쓰면 거의 모든 단어 앞에 붙일 수 있는 편리한 단어지요. '절반'이라는 의미지만, 이 문장에서는 '거의' broken했다는 의미입니다. 이처럼 '대부분'이란 의미로 쓰일 때가 있는가 하면 '약간'과 같은 의미로 쓰일 때도 있답니다.

Now he was homeless, shopless, unemployed, sleepy, and also wet.
_{실직한}

A=B 네 문장 앞에 나왔던 표현을 A=B 문장 형태로 바꿔 말하고 있어요. -less도 half-만큼은 아니더라도 여러 단어에 붙여 사용할 수 있습니다. -less도 단어 자체에 마이너스 이미지가 있지요. less만으로도 '~보다 적다'라는 의미지만, 다른 단어에 붙어 있으면 '적다'는 의미보다는 '전혀 없다'라는 의미가 됩니다.

He was so tired that he didn't even realize the rain had stopped.
_{알아차리다}

that 연결문 A=B that A→B 부정문(that 뒷부분) 두 문장이 that으로 연결되어 있어요. 이해하기 어려우면 that을 지우고, 순서대로 일어난 두 개의 문장이라고 생각하고 읽어보세요. 이처럼 문장을 연결하는 역할을 하는 that은 그 자체에 큰 의미는 없답니다. 대부분 that을 지워도 문장의 의미가 크게 달라지지 않아요. 딱 떨어지는 해석도 없고요. planning to come back에서 planning하는 것은 무엇일까요? 바로 come back. 그리고 loves to bake pie에서 love하는 것은 무엇일까요? 바로 bake pie. 이런 식으로 파악했던 to와 마찬가지로 that도 그 위치에서 문장의 오른쪽을 향하는 이미지를 지닌 단어라고 생각하면 좋아요. 단 to가 향하는 범위는 to 이하의 몇 단어지만 that은 거의 문장 끝까지 미친답니다. '연결'을 위한 that을 문장 중에서 보면, that 대신 그 자리에 꼬마가

나타나 '자자, 이쪽으로 오세요.' 하면서 길을 안내해주는 모습으로 바꿔 생각해보세요. '지금까지 설명한 내용에 대해서 지금부터 다시 상세한 설명을 덧붙인다'는 신호로 생각해도 상관없어요. 무리하게 해석을 하기보다는 '특별한 뜻은 없지만 매끄러운 연결을 위해 여기에 있다'고 느끼면 이해하기 쉬운 단어입니다.

참고로 '장소'를 뜻하는 that은 좀 더 구체적인 의미를 지녀요. 이에 대해서는 88쪽의 설명을 참고하세요.

Ed Wishbone had lost everything in one day.

    A→B

p.10 '밥은 언제 줄 거야옹?' 배고픈 고양이

Well, almost everything.

    불완전한 문장   앞 문장의 조연 everything만을 다시 살렸어요. 본래는 Ed Wishbone had lost가 almost 앞에 있어야 하지만 생략했습니다.

"Ouch!"

    불완전한 문장   갑작스런 통증을 느낄 때 무의식적으로 미국인의 입에서 새어나오는 단어예요. 더 짧은 형태인 'Ow!'도 뒤에 나와요.

              갑작스런   통증

Ed jumped at a sudden pain in his left leg.

    A⤴   jump는 실제로 '점프했다'는 의미보다는 '깜짝 놀랐다'의 의미로 자주 쓰여요.

The cat had scratched him.

    A→B   Big Fat Cat 시리즈를 처음부터 읽은 사람이라면 지겨울 정도로 많이 본 문장

이므로 굳이 해설은 하지 않을게요. 아마 앞으로도 종종 보게 될 거예요.

"What are you doing!?"

A=B　　원래 형태는 You are doing what이에요.

The cat scratched him again and jumped at the bag Ed was holding.

and 연결문 A→B and (A)→B　　이 문장에서 jumped는 실제로 '점프'했다는 뜻이에요. 이런 구별을 쉽게 하기 위해 법칙을 무조건 암기하기보다는 문맥을 파악해서 자연스럽게 판단하는 편이 훨씬 간단하고 실수도 방지할 수 있지요. 그러나 설사 잘못 파악했다고 해서 문제가 될 만큼 의미가 달라지진 않아요.

"Ow! I understand, okay!?"

A↺

장소
Ed found a spot by the road and sat down.

and 연결문 A→B and (A)↺　　Ed found a spot by the road라는 문장은 색깔 구분을 이중으로 할 수 있어요.
Ed found a spot by the road.
Ed found a spot by the road.
by the road는 a spot의 화장문으로 볼 수도 있고, '장소'의 부록으로 볼 수도 있어요. 둘 다 의미상으로는 큰 차이가 없지만요.

The cat could not wait.

A↺ 부정문　　could는 '가능'을 의미하는 단어입니다. 이 문장에서는 not이 붙어 있으므로 '가능하지 않다'는 뜻이에요.

(동물의) 다리
It scratched at the bag's zipper with its front paw.

A→B　　It은 앞 문장에 나오는 'The cat'의 대역입니다.

"Okay, okay."

불완전한 문장　'알았어, 알았다고', 혹은 '됐어, 됐다고' 등으로 풀이될 수 있어요. 이렇게 두 번씩 같은 말을 반복하면 어느 정도 단념하고는 끄덕이고 마는 느낌이에요.

낚아채다
Ed snatched the bag away from the cat.

A→B

공격하다　　　　　　화가 나서
The cat attacked back angrily.

A↶

바비큐로 구워진
Ed opened the bag and **took** out a **barbecued beef sandwich.**

and 연결문 A→B and (A)→B

소규모의 가게
He had bought it at a roadside **shack** several hours ago and **had** almost **forgotten** about it.

and 연결문 A→B and (A)→B　　　앞에 나오는 it과 뒤에 나오는 it 둘 다 앞 문장의 a barbecued beef sandwich의 대역입니다.

찢다
He tore off a small piece and **held it** out to the cat.

and 연결문 A→B and (A)→B　　　and 뒷부분의 it은 a small piece의 대역입니다.

tore만 있으면 '뜯었다'가 되지만 off가 붙으면 '뜯어냈다'가 돼요. held는 뭔가를 '가지고 있다'는 뜻이지만 held out은 바깥에서 '가지고 있다', 즉 '(상대에게) 전해주었다'란 의미가 되고요.

The hungry cat jumped up and snatched the other half instead.

and 연결문 A⤵ and (A)→B　　이 문장에서 the other half는 에드가 고양이에게 건네주고 남은 샌드위치를 가리켜요. 그런데 샌드위치를 반으로 나누었지만, 에드의 손에 남은 샌드위치가 더 커 보였는지 고양이는 에드의 손에 있던 샌드위치를 낚아챈 것이지요.

"Cat! Give that back! You...!!"

(A)→B 명령문　　이 이야기에서 처음으로 나온 명령문입니다. 사라진 주인공은 You(=Cat)고요.

The cat dashed away with most of the sandwich in its mouth.

A⤵

<ruby>한숨 쉬다</ruby>
Ed sighed and shook his head.

and 연결문 A⤵ and (A)→B

"Never mind."

(A)⤵ 명령문 부정문　　일단 명령문이므로 주인공 you는 사라졌어요. mind는 '마음에 담아두다'란 의미지만, never라는 강한 부정을 의미하는 단어가 붙어서, '절대로 마음에 담아두지 않다' 다시 말해 '신경 쓰지 않다'란 의미가 됩니다. Never mind는 관용구로 '신경 쓰지 마'라고 암기하면 빠르겠지만, 처음 한 번은 의미를 분석한 다음 뉘앙스를 기억해주세요.(앞으로도 관용구는 암기하기 전에 일단 단어를 자세히 살펴보세요.)

고기에 달콤새콤한 토마토 소스(바비큐 소스)를 발라 육질이 부드러워질 때까지 오래 구운 다음 얇게 썰어서 소스를 듬뿍 바르고 빵 사이에 끼워 먹는 것이 barbecued beef sandwich예요. 텍사스 주 등 남부 사람들이 특히 좋아하는 요리지요.

아래 그림처럼 꼬치에 고기와 야채를 꽂은 다음 소스를 발라 구워 먹는 것을 케밥 중에서도 시시케밥(shishkebab)이라 하고, 덩어리 고기에 소스를 발라 구운 다음 잘라 먹는 것은 통칭 바비큐라고 해요. 겉에서부터 천천히 익히다 보면 기름이 빠져나가 담백한 맛을 내기 때문에 누구나 즐겨 먹는 미국의 대중 요리입니다.

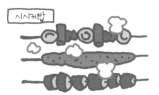

pp.12~13 대형 간판 아래서

Directly in front of Ed, a huge roadside billboard advertised the New Everville Mall.

A→B　Directly는 '장애물 없이 직접'이란 뉘앙스가 있는 단어입니다. Ed의 눈앞에 가득 billboard가 펼쳐지고 그 사이를 방해한 것은 아무것도 없었다는 의미지요.

Across the top of the billboard, "The New Everville Mall" was printed in golden letters, along with the phrase "Never too late to join the fun!"

A=B　마지막 문장은 본래 It is never too late to join the fun! 여기서 It은 친숙한 '시간'의 대역입니다. late를 never로 강하게 부정하여 '언제라도 늦지 않았다'란 의미가 되지요. '늦지 않은' 것은 to 이하, 즉 to 이하를 하기에 결코 늦지 않았다는 뜻입니다.

A beautiful picture of the mall was below the words.

    A=B

_{조금씩 물어뜯다}

Ed read the words to himself as he nibbled the remains of his sandwich.

    A→B   to himself는 '그 자신에게'이고, '그 자신에게 읽어주었다'란 말은 곧 '혼잣말로 중얼거렸다'란 뜻입니다. as 이하는 '시간'의 부록이지만, 두 개의 독립된 문장이 연결된 것으로 생각해도 좋습니다. nibbled는 '조금씩 물어뜯다, 야금야금 갉아먹다'란 의미로, 쥐가 주인공이 되는 문장에서 자주 쓰여요.

He felt so small.

    A⊃   이 문장은 A=B라 생각해도 됩니다. 이해하기 쉬운 쪽으로 읽어주세요.

 미국 고속도로에는 좌우에 거대한 입간판이 늘어서 있어요. 2층집만 한 크기가 있는가 하면 어느 간판이나 화려하고 유머러스해서, 메마른 고속도로 여행에서 운전자의 눈을 즐겁게 해주는 유일한 볼거리지요. 이제는 이런 간판이 미국의 문화를 대표하는 예술의 하나가 될 법도 한 것 같아요.

p.14 빈 가게가 있다

There were also a few lines printed in the lower right corner of the board.

    A=B   line은 직역하면 '선'이지만, 이 문장에서는 '한 줄의 문장'을 가리켜요. '한 줄의 문장'도 멀리서 보면 '선'처럼 보이기 때문이지요. 이 문장에서는 a few lines이므로 '몇 줄의 문장'이 씌어 있었다는 의미예요.

🐱 Bic Fat Cat Column | ~There는 대체 어디? ~

자주 나오는 문장의 하나로 There is라는 형태가 있어요. 상자 바로 앞에 나온 문장 There were also a few lines printed in the lower right corner of the board가 전형적인 예입니다. 이 문장은 There 없이도 쓸 수 있어요. A few lines were printed in the lower right corner of the board로 하면 되니까요. 그럼 왜 굳이 There라는 대역을 내세워서 '장소'를 나타내는 단어를 첫머리에 두는 것일까요? 그 이유는 '앞에 올수록 중요하다'는 영어 문장의 규칙을 굳이 말하지 않아도 서로 이해하고 있기 때문입니다. 이 문장에서는 '몇 줄의 문장이 인쇄되어 있었다'는 사실보다는 '그 장소에' 몇 줄 인쇄되어 있었다는 사실이 중요하므로 대역을 세워 '장소'를 첫머리에 둔 것이랍니다. There를 첫머리에 쓰면 '무엇이 있었습니다'라는 단순한 문장이 '그곳에는 무엇이 있었습니다'라는 약간의 의미를 부여한 문장으로 바뀌지요. 여기에서 There는 현실의 장소를 가리킨다기보다는 문장 전체를 강조하는 의미라는 점을 주목하세요.

빈 가게 / 안마당
Vacancy in Food Court.

불완전한 문장　　Big Fat Cat 시리즈 중 처음으로 '이탤릭체'라 불리는 글씨체가 등장했어요. 소설에서 이탤릭체가 나오면, 이는 특별한 문장임을 의미해요. 여기에서는 주로 '에드의 마음에서 들려오는 소리'를 이탤릭체로 나타냈답니다. 이탤릭체의 가장 대중적인 사용법이지요.

Ed read it once more as if he didn't understand.

　　A→B

Vacancy.

불완전한 문장

No way, a voice inside him said.

　　A→B　　격의 없는 말투이자 강경하게 '안 돼!'라고 말할 때 쓰는 표현이 No way입니다. '길(방법)이 없다'라는 의미가 '안 돼'라는 관용 표현으로 굳어졌어요. 이 문장에서는 No way라는 에드의 독백이 가장 중요하므로 일부러 첫머리에 썼습니다. 대화 장면에서 흔히 쓰이는 방법이지요.

Don't even think about it.

(A)→B **명령문 부정문**   it은 지금 에드가 생각하고 있는 '어떤 일'입니다. 무슨 일인지는 짐작이 가죠?

You know they require more than a year's rent in advance.
필요로 하다 / 임대료 / 선불

A→B   they는 아직 보지 못한 '(뉴 에버빌 몰의) 경영자들'의 대역이에요.

You barely have enough money for two months' rent.
거우

A→B

You are going to embarrass yourself if you apply.
창피하게 하다 / 지원하다

A=B   embarrass는 원래 '누군가에게 창피를 주다'란 의미지만, 이 문장에서는 상대가 yourself이므로 자신에게 창피를 주다, 즉 '창피를 당하다'란 의미가 됩니다. if 이하는 '조건'으로, 이 조건을 충족시키면 그 앞 문장의 내용이 현실에서 발생하는 것이지요.

Forget it, Ed.

(A)→B **명령문**

 이탤릭체는 '마음의 소리' 외에도 여러 가지 쓰임이 있는 편리한 글씨체입니다. 문장 중에서 강조하고 싶은 부분이 있을 때 사용하는 것이 일반적이지만 큰소리로 말하거나 깜짝 놀랐을 때의 대화 등에서도 사용하지요. 또 인용문과 작품 제목 등이 본문에 나올 때도 이탤릭체를 사용합니다.

p.15 '먹을 거 또 없냐옹?'

주의깊게 보다
Still, **Ed continued** to stare at the billboard.

   A→B

The cat had finished its sandwich and **was** scratching at the bag for more.

   and 연결문 A→B and (A)=B

Ed moved the bag to his other side without taking his eyes off the sign.

   A→B   take off란 표현은 〈빅팻캣과 머스터드 파이〉에도 나온 적이 있어요. 이 문장
에서도 '접촉하고 있는 것을 떼어낸다'는 의미로 쓰였어요. 이번에는 접촉 면이 '간판'이
고, 접촉하고 있는 것은 '에드의 시선'입니다. 즉 take off라면 '간판에서 눈을 떼는 것'이
지만, 이 문장에서는 without이 붙어 있으므로 그럴 수 없었다는 말이지요. 얼마나 '시
선'이 고정되어 있는지 짐작할 수 있는 표현이지요.

The cat moved to his other side too.

   A↺

분명히   판별하다   반죽 미는 봉
It apparently **recognized** the smell of blueberries from the rolling pin
inside the bag.

   A→B   rolling pin은 파이 반죽을 빚을 때 쓰는 도구를 말해요. 파이와 쿠키를 자주
만드는 미국 가정에서 흔히 볼 수 있는 부엌용품이지요. 실물과 비슷한 이미지가 44쪽에
제대로 나왔으니 참고하세요.

"Cat, **stop that**.

   (A)→B **명령문**   이 문장에서는 Cat을 쉼표로 끊어 A 부분을 단순한 호칭으로 바꾸어
버렸습니다. 그러므로 주인공이 사라져버린 명령조 문장이 되었어요.

I'm going to..."

A=B 에드가 무슨 말을 외치려고 했지만, 말을 꺼내기도 전에 대화가 잘려버렸어요.

p.17 덩치 큰 똥보 고양이 vs 하얀 귀족 고양이

Ed stood there, dazed.
^{멍한}

A↩

Brown water dripped from his hair.
^{똑똑 떨어지다}

A↩

The limousine stopped and backed up a few yards, and a man about the same age as Ed spoke through the rear window.
^{리무진} ^{야드(단위)} ^뒤

and 연결문 A↩ and (A)↩, and A↩   about the same age as Ed는 바로 앞의 a man에 붙는 화장문입니다. 1야드(yard)는 약 0.9미터(m)예요.

"Sorry about that."

불완전한 문장   원래 문장은 I am sorry about that이에요. that은 물론 현재 에드에게 일어난 불행한 일을 가리켜요.

Ed just nodded.
^{고개를 끄덕이다}

A↩

Water continued to drip from his hair.

A→B

66

A well-groomed white cat also **popped its head** out of the window.

^{손질이 잘된} ^{튀다}

    A→B   popped하면 역시 팝콘이 가장 먼저 떠오르지만, 이 문장에서는 두더지 잡기 게임에서 두더지가 구멍에서 불쑥 고개를 내미는 느낌을 상상해보세요.

An expensive kind of cat.

    불완전한 문장   앞 문장에 나오는 주인공을 다시 한번 설명하면서 강조하고 있어요.

The Big Fat Cat saw it and looked away.

    and 연결문 A→B and (A)↺   it은 두 문장 앞에 나오는 white cat의 대역이지요.

The white cat just **smirked.**

^{으스대며 웃다}

    A↺   smirk는 특이한 웃음이에요. 딱 들어맞는 우리말 표현은 없지만 '비웃다, 코웃음 치다, 거드름을 피우며 웃다, 으스대며 웃다' 정도가 가장 가까운 표현이에요.

---

p.18 남자가 건네준 것

"Here.

    불완전한 문장   Here는 어느 한 곳에 주의를 집중시킬 때 쓰이는 단어입니다. 물건을 건네줄 때 자주 쓰여요.

Take this."

    (A)→B 명령문   this는 리무진에 타고 있는 남자가 에드에게 건네준 것이에요. this가 무엇인지는 다음 문장에서 구체적으로 나와요.

The man in the limousine grabbed Ed's hand and stuffed a piece of paper
into it.

붙잡다 (above grabbed), 넣다 (above stuffed)

and 연결문 A→B and (A)→B　　문장 마지막의 it은 Ed's hand의 대역입니다.

The rear window closed and the limousine drove away, leaving Ed still
dripping.

~한 상태로 두다 (above leaving)

and 연결문 A⤴ and A⤴　　leaving의 뒤는 모두 '어떻게' drove away했는지 나타내는
부록이에요. still dripping는 Ed에 붙는 화장문이고요.

Ed looked at the piece of paper in his hand.

A→B

p.19 에드는 어디로……

"Come on, cat. We have to get to the motel before dark," Ed said weakly,
and started to walk again.

and 연결문 A→B, and (A)→B　　언뜻 보면 한 문장 같지만 사실은 두 개의 문장이 이
어진 연결문이에요. and 앞의 문장에서, 원래는 Ed said weakly 뒤에 독백이 나와야 하
지만 글에 리듬감을 주고 독백을 강조하기 위해 독백 부분을 앞으로 뺐어요. 독백의 첫
문장은 명령문으로, 색깔 구분을 하면 Come on, cat. 두 번째 독백은 A→B의 문장으로,
색깔 구분을 하면 We have to get to the motel before dark입니다. 이 문장에서 have
는 조연 'to get to the motel before dark'라는 '예정'을 가지고 있다는 의미로, 즉 '그렇
게 해야만 한다'는 의미입니다.

He took one last good look at the billboard before he left **and decided to forget about it.**

> and 연결문 A→B and (A)→B   앞에 나왔던 take his eyes off의 형태와 비슷해서 혼동하기 쉽지만, 이번에는 off가 붙지 않았어요. 'one good look(뚫어지게 한 번 바라보는 행위)'을 took했다는 의미로, 즉 '한 번 봤다'가 됩니다.

---

pp.20~21 뉴 에버빌 몰

So **he did not know** why he was here.

> A→B 부정문   원래는 바로 앞에 나오는 문장과 이어져야 할 문장이에요. 페이지의 첫 단어가 So로 시작하는 문장은 납득하기 어렵지만, 이 문장은 역으로 이런 의외성을 노린 것입니다.

"Okay, Now. You stay here quietly, all right?" Ed said to the cat.

> A→B   또 대화문이 첫머리에 나온 형태입니다. Now는 '지금'이라는 의미가 아니라, 그럼, 그런데, 자 등과 같은 의미로 혼자서 중얼거릴 때 쓰여요. 화제를 바꿀 때 내는 헛기침과 같은 것으로 생각하세요. 대화문 중의 You stay here quietly, all right?은 명령문이지만, 누구에게 하는 말인지 명확히 하기 위해 생략해야 할 주인공인 You를 일부러 남겨두었습니다.

But **the cat was** still **busy** trying to get at Ed's bag.

> A=B

찰싹 때리다
It slapped his face with its tail.

> A→B   It은 고양이, his는 에드의 대역이에요.

"Right," Ed answered for the cat, and stood up.

and 연결문 A→B, and (A)↻　and 앞부분에서 Right는 원래 B 상자에 들어가야 하는 단어입니다. Right은 세 문장 앞에 나온 에드의 대화문 all right?에 대한 대답이에요. 즉 에드 자신이 묻고 대답한 것이지요.

뽑아내다　발톱
He needed to pry the cat's claws from his bag to do so.

A→B　pry라는 '화살표'는 무언가 파고 들어간 것을 억지로 떼어낼 때에 써요. 이 단어가 연상시키는 전형적인 이미지는 '못을 뽑다'와 같은 상황이지요. to do so의 so는 대역입니다. it 등으로는 표현할 수 없는 복잡하거나 애매한 상황을 대신 나타낼 때 쓰여요. 이 문장에서 so는 '에드가 일어서는 것'을 말합니다.

불쑥 나타나다
The New Everville Mall loomed before him.

A↻　loomed는 거대한 형상이 눈앞을 가로막고 있는 상황을 나타낸 화살표입니다. before는 '~의 앞'을 나타내는 접착제로, 보통 시간의 의미로 쓰여요. 이 문장처럼 물리적인 '앞'을 표현하는 경우에는 in front of를 가장 많이 씁니다. 다만 in front of가 시야가 비교적 좁은 범위의 '눈앞'을 표현하는 데 비해 before는 시야가 매우 넓은 '눈앞'을 가리키지요.

포함하다
The mall contained three department stores, nine restaurants, more than 소매
forty retail shops, and a movie theater.

A→B　이 문장은 116~117쪽에 실린 뉴 에버빌 몰의 안내도를 참고하면서 읽으면 위치 묘사가 쉽게 이해될 거예요.

It really was big compared to the Outside Mall, but it seemed even bigger to Ed.

but 연결문 A=B, but A=B　It은 둘 다 뉴 몰의 대역입니다. 이 문장은 살짝 말장난을 섞은 문장이라 약간 당황스러울 수도 있어요. 앞부분은 '아웃사이드 몰과 비교해서 크다'란 사실을 서술하고 있지만, 뒷부분은 '심지어 에드에게는 실물보다 훨씬 더 크게 보였다'는 의미입니다. bigger는 'big보다 더 큰'이란 뜻이에요. 그러나 반드시 실제 크기가

big보다 더 클 때만 bigger를 쓸 수 있는 것은 아니랍니다. 실제와 상관없이 심리적으로 big보다 더 크게 느껴질 때도 bigger를 쓸 수 있어요. 사실 여부와는 무관하게 더 크게 느껴졌다는 뉘앙스를 영어의 '비교' 표현으로 재미있게 전달한 것이지요.

Everybody went shopping here.

A↩   이 문장의 Everybody는 다소 과장된 감이 있지만, 에버빌과 그 주변에 사는 '모든 사람'을 일컬어요. 에버빌은 작은 마을이므로, 그 마을 사람들에게는 사실상 everybody가 되겠지요.

Everybody.

불완전한 문장   앞 문장의 주인공을 반복해서 강조하고 있어요.

"**Stay** here, okay?

(A)↩ 명령문

Stay!"

(A)↩ 명령문

Ed shouted to the cat one last time as he entered the mall.

A↩

으르렁거리다   수상쩍다는 듯이

The cat just **snarled**, looking at him dubiously.

A↩   'dubiously하게 보다'는 고양이의 상태를 묘사한 문장입니다. 미간에 주름을 잡고 '으르렁'거리며 불만스러운 표정으로 흘겨보는 느낌이에요. 시험 삼아 기르는 고양이에게 먹이를 제때 안 주면 바로 이런 표정을 볼 수 있을 거에요. 참고로 이 단어는 사람에게도 쓸 수 있답니다.

비교적   보통의 평일
The mall was relatively empty since it was a regular weekday evening.

A=B   relatively는 정확성을 중요시하는 영어에서는 흔치 않은 애매한 단어입니다. 의미는 '비교적 ~하다'로 reasonably와 거의 비슷하지만, reasonably가 개인의 주관적인 판단인 데 비해서 relatively는 데이터를 근거로 한 객관적인 판단이라는 뉘앙스가 강한 단어입니다.

향기로운
The smell of aromatic candles from a gift shop was heavy in the air.

A=B

통로
Ed walked down the corridor, took a left, and continued on to the Food Court.

and 연결문 A→B, (A)→B, and (A)↷   took a left는 '(오른쪽과 왼쪽 중에서) 왼쪽을 택했다'는 의미로, '왼쪽으로 돌았다'라는 뜻입니다.

The Food Court was a large area in the center of the mall.

A=B

~을 둘러싸고
There were all kinds of fast food stores surrounding it.

A=B   it은 앞 문장의 The Food Court의 대역입니다.

전국적인   프랜차이즈
Some were local, some were nationwide franchises.

A=B, A=B　　Some은 본래 Some fast food stores입니다.

Ed sat down on a bench facing the south side of the court.
<small>직면해 있는</small>

　A↺

And there it *was.*

　A=B　　it은 다음 문장 전체를 가리켜요.

Two completely v̆acant spots.
<small>빈</small>

　불완전한 문장

One large, one small.

　불완전한 문장　　원래는 앞 문장의 vacant spots에 붙어야 할 화장품이지만 강조하기 위해 별도 문장으로 썼어요.

Ed gulped.
<small>침을 꿀꺽 삼키다</small>

　A↺　　'침을 꿀꺽 삼킨다'는 인간의 세세한 동작까지 단어로 표현할 수 있는 영어의 '묘미'를 맛볼 수 있는 단어입니다. 이런 새로운 단어를 볼 때마다 즐겁지 않나요?

No way, **the voice inside him repeated.**

　A→B　　No way는 '마음의 소리'가 실제로 들린 듯한 독백이므로 이탤릭체로 썼어요.

If you think you're going to have a store in here, ***you're crazy.***

　A=B　　If부터 쉼표까지는 '조건'을 나타내는 부분입니다. 이제는 친숙하겠지요? 이 역시 부록에 해당합니다. 핵심이 되는 문장은 어디까지나 색이 칠해진 부분으로 you're crazy만 읽고 넘어가도 결코 반칙은 아니에요.

But **Ed kept** staring at the vacant spots.

　　A→B

Mostly the smaller one.

　　불완전한 문장　　one은 vacant spot의 대역입니다.

It was probably the smallest store space　in the entire mall, but **it was** perfect for his pie shop.
　　　　　　　　　　　　　　　　　전체의

　　but 연결문 A=B, but A=B　　it은 둘 다 '작은 vacant spot'의 대역입니다. space는 '공간'이라는 뜻인데, 우주를 space라고 일컫는 이유는 옛날 사람들이 우주를 막연히 '거대한 공간'으로 생각했기 때문인지도 모릅니다.

He could almost **imagine the sign.**
　　　　　　　　　　　　간판

　　A→B　　이 문장부터 한동안 나오는 could나 would 등은 모두 화살표지만 등호 문장 앞에 붙는 일종의 '부록'입니다. could가 붙으면 '가능하다'란 뉘앙스가 들어가고, would가 붙으면 '주인공의 의사로 ~을 한다'는 뉘앙스가 됩니다.

It would be a handmade, hand-painted wooden sign.
　　　　　　　　　　　　　　나무로 된

　　A=B

He would sell slices of pies in triangle-shaped cardboard boxes.
　　　　　　　　　　　　　삼각형　　　　　판지

　　A→B

People would eat his pies while walking around the mall.

　　A→B

There would be Sweet Apple Pies with Whipped Cream... Deluxe Cherry
Pie... Brownies... and of course, Blueberry Pies...

    A=B

    Whipped Cream은 우리나라의 생크림에 해당해요. 우리는 케이크라고 하면 하얀 생
크림 케이크를 떠올리지만, 미국에서는 icing, frosting(착색료로 알록달록 물들인 달디
단 크림)으로 화려하게 장식한 케이크를 즐겨 먹어요.

---

p.25 에드의 결의

Stop dreaming, Ed.

    (A)→B 명령문

You never do anything right.

    A→B 부정문   이 문장의 right는 '제대로'라는 의미의 right입니다.

Don't you remember your first date?

    A→B 부정문

Your job in the city?

    불완전한 문장   원래는 이 문장과 이어지는 다음 문장의 첫머리에 Don't you
remember가 붙어야 하지만, 반복되므로 생략했어요.

Pie Heaven?

불완전한 문장

Life isn't a blueberry pie, remember?

(A)→B **명령문**   의문문인 동시에 주인공이 사라진 명령문으로, 강한 어조를 담고
있어요. 어려우면 Life isn't a blueberry pie, remember?와 같이 색깔 구분을 해서
remember는 is it?처럼 반복되는 어구로 생각해도 특별히 문제는 없어요.

Ed closed his eyes very hard and **tried to stop the voice.**

and **연결문 A**→B and (A)→B

파이   베이커
He knew he would never be a great pie baker.

A→B   독립된 하나의 문장이 B 상자에 들어가는 경우입니다. 이 문장을 색깔 구분해
보면 he would never be a great pie baker로 A=B 부정문이 됩니다. 다음에 나오는
두 문장도 독립된 하나의 완전한 문장이 조연이 되는 경우입니다.

속하다
He knew he didn't belong here.

A→B   이 문장의 조연도 독립된 하나의 문장입니다. 색깔 구분을 하면 he didn't
belong here로 A↰ 부정문이 됩니다.

최소한
But **he knew he had to try at least one more time.**

A→B   이 문장의 조연도 독립된 하나의 문장으로, 색깔 구분을 하면 he had to try
at least one more time(A→B)이 됩니다.

Ed stood up.

A⤺

He found the manager's office on a map by the Food Court, **took a deep**
호흡   향하다
breath, and headed there.

　and 연결문 A→B. (A)→B. and (A)⤺　　there는 the manager's office의 대역입니다.

His hands were shaking.

A=B

이마
His forehead broke out in a cold sweat.

　A⤺　　broke는 '무너지다'라는 뜻입니다. 이 단어에 out이 붙어서, 이 문장에서는 '무
너져서 흘러나오다'란 의미가 됩니다. broke out은 댐이 무너져서 물이 쏟아져 나오는
듯한 이미지를 지닌 단어입니다. 이 문장에서 댐에 해당하는 단어는 His forehead이고,
쏟아져 나오는 물은 a cold sweat입니다. 결국 에드의 이마가 in a cold sweat이 되어버
린 것이지요.

The voice in his head kept telling him he should stop right now.

　A→B　　B 상자의 him과 he는 둘 다 에드입니다. The voice in his head가 에드에게
'he(Ed) should stop right now'라고 말하고 있는 셈이지요. 그 말을 'kept(유지하다)'
하고 있으므로 '반복해서 말하고 있다'는 의미입니다.

복도
The office was down a long hallway.

　A=B　　영어에서 긴 복도는 단순히 '걷다'보다는 '내려가다'라는 이미지가 있는 듯해
요. 따라서 down이 되었습니다.

마구 치다
Ed's heart was pounding by the time he came to the end of it.

A=B   pounding은 '점점' 심하게 무언가를 두드리는 것을 말해요. 고릴라가 가슴을 내리치는 이미지를 떠올리며 기억하면 좋아요. 여기서는 Ed's heart가 심하게 두근거리고 있는 상황을 말합니다. 마지막의 it은 a long hallway의 대역이고요.

Around the corner, a small door welcomed him.

A→B   a small door was there라면 '문이 거기에 있다'는 위치 정보에 불과하지만, 'welcomed'라고 하면 '환영이라도 해주듯이 거기에 있다'는 뉘앙스를 지닙니다. welcome이란 단어에는 부정적인 의미가 전혀 없어요. 호감을 품고 환영한다는 의미지요.

A sign on the door read, "Mall Management."

A→B   read는 보통 '읽다'라는 동작을 나타내는 단어지만, 이 문장에서는 주인공이 A sign on the door란 '사물'이므로 '읽다'라는 동작이 불가능해요. 언뜻 이상하다고 생각할 수도 있지만, read는 '읽다'라는 동작만을 의미하는 단어가 아니랍니다. '문자가 쓰여있다' 혹은 '해독하다'라는 의미로도 폭넓게 사용할 수 있는 단어가 바로 read예요. 여기서는 'A sign on the door에 Mall Management라고 쓰여 있었다'란 의미로, 에드에게는 그 글자가 머릿속에 입력이 잘 안 되는 뉘앙스를 느낄 수 있어요.

아주   먼 거리
The office was located quite a distance from the stores, so it was really quiet there in the hallway.

so 연결문 A=B, so A=B   there는 in the hallway의 대역입니다. 반복함으로써 주위의 상황을 강조하고 있어요.

기계적인
The only sound was low mechanical noise of the air-conditioner.

A=B   noise는 '소리'지만 '불필요한 소리(잡음)'란 뜻이에요. 이에 비해 부정적인 뉘앙스 없이 '소리' 자체를 뜻하는 단어는 sound입니다. 이외에도 소리에 의미를 부여한 단어에는 signal 등이 있어요. TV 녹화시 삽입되는 불필요한 소리를 '노이즈'라고 부르는 경우를 생각해보면 어떤 뉘앙스인지 이해되지요?

Ed took another deep breath and **knocked** twice.

and 연결문 A→B and (A)⤹

The sound of the knock seemed too loud.

A=B   복도가 너무 조용해서 에드는 자신이 문을 두드리는 소리에 놀란 듯해요.

몸을 움츠리다
Ed cringed.

A⤹   흔치 않은 화살표지만 우리말에는 없는 편리한 단어입니다. '깜짝 놀라서 몸을 움츠리다'란 의미가 단 한 단어에 담겨 있어요.

---

p.27 잘못 찾아온 장소

"Come in," a voice called from within the door.

A→B   within은 '의존'의 접착제 with와 '포함'의 접착제 in을 조합한 단어입니다. from the inside만으로도 충분하지만, within을 쓰면 '안쪽'이란 의미가 더 강해져 안쪽과 바깥쪽의 구분이 확실해지므로 inside만 있을 때보다 훨씬 더 안쪽에서 들리는 소리라는 느낌이에요. 또 within이란 발음의 울림이 더 듣기 좋다는 단순한 이유도 있고요.

Ed opened the door slowly.

A→B

가득 차다   잘 닦인   앤티크   가구
The room was filled with well-polished antique furniture.

A=B   이 문장은 A=B 문장 형태이므로 room이 'filled했다'가 아니라 'filled해진' 상황을 나타냅니다. 참고로 미국에서는 재질이 훌륭한 목재 가구를 가지고 있다는 것이 사회적으로 높은 지위에 있음을 상징해요. 그 가구가 앤티크 제품이라면 더할 나위 없지요

A thick, soft carpet covered the floor.

A→B   또 하나 부를 상징하는 것이 두께가 도톰한 폭신폭신한 카펫이에요. 미국에서는 집에서도 신발을 신은 채로 있기 때문에 폭신폭신한 카펫 위를 신발을 신고 걸어요. 어떤 카펫이 깔려 있느냐에 따라 그 집의 경제적 수준이 알게 모르게 드러나지요.

The air itself smelled expensive.

A↩

Ed felt a cold shiver as he remembered his damp, battered coat and dirty clothes.

<small>떨림</small>   <small>눅눅한</small>   <small>오래 써서 낡은</small>

A→B

The voice in his head grew louder and louder.

A↩

Ed wanted to turn around and go home, but it was too late.

but 연결문 A→B, but A=B   but 뒷부분의 it은 지금까지 봐왔던 '시간'의 대역입니다. 다만 이 문장에서는 돌이키기에는 늦었다는 의미로, but 앞부분과는 이미 시간대가 달라진 '너무 늦어버린 시간'의 대역입니다.

He didn't have a home anymore.

A→B 부정문   home과 house는 둘 다 '집'이라고 해석하지만, house는 '집'이라는 건물 자체를 의미하는 데 비해, home은 가족간의 연대감이 형성되어 있는 '가정'을 가리켜요. 따라서 집이 없어도 '돌아갈 곳'이 home이지요. 유학생에게는 고국이 home이고, 타향살이를 하는 사람에게는 고향이 home이에요. 영어의 모든 단어를 통틀어 love와 견줄 만큼 따뜻한 단어랍니다.

"What can I do for you?"

> A→B 의문문이 아닌 형태로 바꿔보면 I can do what for you가 되지만, 실제로 이런 형태는 없어요.

The owner of the mall was a short, round man with a mustache.
_{콧수염}

> A=B '콧수염'은 mustache, '턱수염'은 beard, '구레나룻'은 whiskers로 영어에서는 각각 분명하게 구별되어 있어요. whiskers는 고양이의 수염 등 주로 동물의 수염을 표현할 때 많이 써요. 따지고 보면 굳이 구별하지 않고 어느 것이나 '수염'이라고 부르는 우리말이 오히려 이상한지도 모르겠네요.

His voice was calm and steady.
_{안정된}

> A=B

Ed relaxed a bit.

> A↺ bit은 손바닥에 올릴 수 있을 만큼 작은 조각을 말해요. 여기서는 물리적인 크기를 말하고 있는 것은 아니지만, 뉘앙스는 전달되었지요?

"My name is Ed Wishbone, sir.

> A=B 윗사람과 대화할 때 매우 편리한 단어가 바로 sir입니다. 문장 마지막에 sir만 붙이면 어떤 문장이라도 경어가 되는 신기한 단어지요. 참고로 상대가 여성일 때는 sir가 아니라 ma'am을 써요. 영어에는 경어가 없다고 하지만 엄밀히 따지면 틀린 말입니다. 확실하게 정해진 '경어법'은 없을지라도, 상황에 적합한 단어를 선택하여 격식을 차릴 수 있어요. 예를 들어 '보다'란 단어도 가장 단순한 look이나 see가 있는 한편 격식을 차린 말인 observe 등도 있답니다. 그러나 영어에 익숙해질 때까지는 신경 쓰지 않아도 돼요.

I saw your ad for the vacancies in the Food Court and was wondering if
_{광고}

I could apply."

> **and 연결문 A→B and (A)=B**　ad는 advertisement(광고)의 줄임 형태입니다. 일상에서는 ad라는 줄임 형태를 더 많이 써요.
> if 이하는 앞에서 주로 나오던 '조건'의 if가 아니라 wonder하는 내용을 구체적으로 설명하는 부분입니다.

"What do you sell?"

> A→B

The owner asked with a polite smile.

친절한

> A↺

"Uh... pies. Homemade, country pies. The traditional kind."

> 불완전한 문장

"Oh. Well, that sure is a coincidence.

우연의 일치

> A=B　여기서 that은 '(에드도 파이를 굽는다는) 이 상황 자체'를 가리켜요.

Wouldn't you agree, Mr. Lightfoot?"

동의하다

> A↺

The owner turned toward a sofa at the far side of the room.

> A↺　far side는 직역하면 '먼 쪽', 즉 owner 측에서 봤을 때 방에서 가장 먼 부분을 가리켜요. far는 '멀리 떨어진'이란 '화장품'이지만, 이 문장에서는 매우 차갑고 쌀쌀맞은 느낌을 넘어 이질감까지 풍깁니다. away는 의미는 같지만 이질감이 느껴지지는 않아요. 실제로 떨어진 거리뿐 아니라 정신적으로도 거리가 있음을 나타내는 단어가 far입니다.

The man from the limousine was sitting on the sofa with the white cat on his
lap.
^{무릎}

> A=B   우리말로는 다 소파라고 부르지만, 미국에서는 비교적 고가인 고급 제품을
> sofa, 서민적이고 저렴한 제품을 couch라고 부르는 경향이 있어요.

He recognized Ed and **seemed surprised.**

> and 연결문 A→B and (A)=B

"Yes. A coincidence.

> 불완전한 문장

A very bad coincidence.

> 불완전한 문장

Since **I have** just **acquired the two vacant spaces** for a Zombie Pies store.
^{얻다} ^{좀비}

> A→B

I'm sorry, but **you should look** somewhere else, Mr.... uh... Homemade Pie."

> but 연결문 A=B, but A→B

Ed looked past the man with the cat and **found a black man standing behind the sofa.**

and 연결문 A⤺ and (A)→B=B′

He was really **tall and sturdily built.**
<small>건장하게</small>

A=B

Almost twice as large as Ed.

불완전한 문장　as large as Ed는 'Ed와 같은 정도로 크다'라는 의미지만 그 크기가 'twice(2회)'이므로 '덩치가 에드의 두 배나 된다'는 의미입니다.

His eyes were fixed on Ed.
<small>고정된</small>

A=B　여기서 fixed는 '고치다'가 아니라 '고정하다'란 의미입니다. 본래의 의미도 '고정하다'로, '고치다'라는 뜻은 '느슨해진 것을 고정하다'에서 파생된 것 같아요.

Ed backed up a step.

A⤺　a step은 '한 걸음의 너비'를 나타냅니다.

Now **his legs were shaking** too.

A=B

He knew who the man with the cat was.

A→B

Everybody in Everville knew.

A↺

The man's name was Jeremy Lightfoot Jr., the son of Jeremy Lightfoot, founder and leader of the Everville Rehabilitation Project.

창립자 재건

A=B　　쉼표를 써서 조연을 세 부분으로 나눴습니다. 둘째 부분이 첫째 부분의 자세한 설명이고, 셋째 부분이 둘째 부분의 마지막 'Jeremy Lightfoot'를 자세히 설명해요. 언뜻 까다로운 듯하지만, B 상자에서 핵심이 되는 부분은 Jeremy Lightfoot Jr.뿐입니다.

One of the richest men in town.

불완전한 문장　　이 문장도 'Jeremy Lightfoot'를 자세히 설명한 문장입니다. 사실은 앞 문장의 네 번째 조연이 되어야 할 문장이었지요.

Or maybe the state.
주

불완전한 문장　　이 문장은 One of the richest men in town의 town을 state로 바꿔 말한 것입니다. 양쪽 다 강조하기 위해 별도의 문장으로 썼어요.

p.31 제레미의 주장

"Now, Mr. Lightfoot.

불완전한 문장

선호하다
We have agreed on the larger space, but I said I would prefer a different store for the smaller space."

but 연결문　A→B, but A→B

The owner frowned. 얼굴을 찌푸리다

    A↰

"Mr. Owner, you don't understand.

    A↰ 부정문

Zombie Pies needs room.

    A→B   room은 '방'이라고 주로 해석하지만, 본래는 '공간', 혹은 '빈터'라는 의미를 가집니다.

We need both spaces."

    A→B   space도 역시 '공간'이지만, room보다 광활한 이미지가 있어요.

Jeremy spoke in a forceful tone, but the owner ignored him and 강력한 무시하다
approached Ed eagerly. 접근하다 적극적으로

    but-and 연결문 A↰, but A→B and (A)→B   him은 Jeremy의 대역입니다.

 미국에서는 부모의 이름을 그대로 아이에게 물려주고 Jr.(Junior)를 붙여서 '~2세'라고 하는 경우가 종종 있어요. Jr.에 대치되는 '1대'를 일컬을 때는 아무런 단어를 붙이지 않거나 Sr.(Senior)를 이름 뒤에 붙입니다.

p.32 무시무시한 질문

"Two pie stores... one traditional and one... umm... innovative... not bad." 혁신적인

    불완전한 문장

The owner studied Ed from head to toe.
^{발가락}

    A→B

 Bic Fat Cat Column 2　～'공부'라는 단어가 없는 나라 ～

영어에는 '공부하다'란 단어가 없어요. study는 정확히 말하면 '연구'나 '관찰'을 하는 것으로 공부하다란 의미는 없습니다. 그 대신 자주 쓰이는 단어가 work. '수학 공부를 한다'는 'work on my math'라고 표현해요. 물론 일을 할 때도 work를 써요. 연령과 상황에 따라 work의 내용이 무엇인지 듣는 사람이 판단하는 셈이지요. '공부'와 '일'을 같은 의미로 보는 것은, 우리나라의 언어 감각으로는 이해하기 어렵지만 영어에서는 매우 자연스럽답니다. 또 work라는 단어에는 우리말의 '공부'와는 달리 하기 싫어하는 이미지가 별로 없어요. 반면 study란 단어에는 우리말처럼 하기 싫어하는 뉘앙스가 약간 있지요. 따라서 아이가 공부를 안 하려고 할 때는 work와 study 중에서 하기 싫어하는 뉘앙스가 있는 'study'란 단어를 써서 표현합니다.

His eyes stopped at the bag Ed was holding.

    A↩

Ed hid the bag behind his back as casually as possible, but the owner had enough time to see the rolling pin sticking out of the bag.
^{아무 일 없다는 듯이}
^{내밀다}

    but 연결문 A→B, but A→B

"How much money do you have, Mr. Wishbone?"

    A→B

Ed told him.

    A→B

Jeremy heard the amount and let out a scornful laugh.
^{금액}
^{업신여기는}

    and 연결문 A→B, and (A)→B

The owner just **nodded**.

A↩

얼굴이 발갛게 되다
Ed blushed.

A↩

"Mr. Homemade Pie, you don't understand."

A↩ 부정문

인내심   거친
His patience running out, Jeremy's voice changed to a harsh tone.

A↩   run out은 어떤 것의 연료를 다 소비해서 바닥났을 때(out) 쓰는 단어입니다. 참
고로 이 문장의 '연료'는 제레미의 patience이지요.

"This is big business we're talking here.

A=B   여기서 This도 '현재의 상황'을 가리키는 애매한 대역이에요. this라는 단어를
이미지로 표현하면 그림 A와 같은 자세로 '이것!'이라고 말하는 느낌입니다. 마찬가지로
that은 그림 B와 같은 자세로 '저것!'이라고 말하는 느낌이고요. this나 that을 발견하
면 이런 느낌을 머리에 떠올리길 바라요. 그러면 this와 that을 구분해서 쓸 수 있을 것입
니다.

A

B

It's not a hot dog stand in a parking lot.

A=B 부정문   미국에서도 대형 백화점이나 행사장의 주차장 등에서 가판대를 차려놓고 핫도그나 아이스크림 등을 파는 노점을 종종 볼 수 있어요. 노점은 자본이 거의 들지 않게 작은 규모로 운영하는 경우가 많아서 제레미가 이런 비유를 한 거예요.

영업하다
Zombie Pies already operates in fourteen locations around the state, and we're growing quicker than any other fast food chain around.

and 연결문 A↱, and A=B

제품
Our most popular product, 'The Pie from Hell', sells over 10,000 slices per day.

A→B

같은 그룹
You are way out of your league."

A=B   way는 '매우 거리가 있다'란 의미로 화장품이며 out of your league라는 문구 전체에 연관됩니다. league는 리틀리그, 메이저리그, 마이너리그 등 야구 용어로 종종 쓰이지만, 실제로는 모든 분야에서 실력이 비슷한 사람들이나 단체가 모인 그룹을 league라고 불러요. 이 문장에서는 '장사하는 분야의 league'를 가리켜요.

---

p.34 정성을 담은 광고 문구

Jeremy shook his head.

A→B   shook은 '흔들다'란 화살표지만, 머리를 shook하는 경우에는 좌우로 흔드는 걸 말해요. (상하로 끄덕일 때는 nod) shook은 끄덕인다는 의미로는 쓰이지 않아요. 반면 손을 shook하는 경우에는 반드시 상하로 흔드는 것을 말해요. 즉 악수를 의미하지요. (좌우로 흔들 때는 wave) 우리말처럼 만능으로 쓰이는 '흔들다'란 화살표가 영어에는 없

어요. 영어에서는 shook(사전형은 shake), wave, wag, swing 등 다양하게 구분해서 쓴답니다.

Ed swallowed ^{(꿀떡) 삼키다} **his breath, and was about to walk away** when the owner spoke.

> **and 연결문 A→B, and (A)=B**　about은 '부근·관련'의 접착제입니다. 여기서는 '걷다'란 행위와 연관되는 단어예요. 즉 '걷기 직전'이란 의미지요. about to를 '~하기 직전'으로 암기해버리면 간단하지만, 관용구로 외우기 전에 한번쯤 찬찬히 단어의 조합을 분석해보세요.

"Wait, Mr. Wishbone.

> **(A)↷ 명령문**　주인공이 사라지고 첫머리부터 화살표로 시작하므로 일단 명령문으로 볼 수 있지만, 그 뒤에 쉼표를 넣은 다음 주인공을 덧붙였으므로 일반 명령문보다 훨씬 어조가 부드러워요. 명령이라기보다는 갑작스런 일에 당황해서, 일단 가장 중요한 '기다려'란 화살표를 첫머리에 두고 급하게 상대의 이름을 덧붙였다는 인상을 주는 말투지요.

What about you?

> 불완전한 문장

Don't you have a sales pitch?" ^{(선전) 문구}

> A→B 부정문

Ed stopped, glanced at the owner, and lowered his eyes. ^{낮추다}

> **and 연결문 A↷, (A)→B, and (A)→B**

Ed wanted to say something intelligent, but he couldn't think of anything.

> **but 연결문　A→B, but A→B 부정문(but 이하만)**

"I'm... I'm sorry, sir... I just like to bake pies," he said half in tears.

A→B

p.35 제레미, 쇼크!

Jeremy laughed as if this was a big joke, but the owner continued to stare at Ed with a very serious face.

but 연결문 A↺, but A→B

Ed just stood there looking at the carpet.

A↺

The owner finally spoke.

A↺

"I'll tell you what, Mr. Wishbone.

A→B / B'   자주 쓰는 관용 표현입니다. 장시간 회의를 해도 결론이 나지 않을 때, 상사가 절충안이나 최종안을 제시하기 위해서 쓰는 표현이지요. 여기서 what은 확정된 대상의 대역은 아니지만 '찾지 못한 답'이 'what(무엇)'인지 가르쳐주겠다는 뉘앙스가 있어요. 그 뒤의 문장은 말하는 이의 억양과 어조에 따라 강경한 말투가 되기도 하고, 부드러운 말투가 되기도 해요.

You pay me next month's rent before the mall closes today, and the smaller space is yours."

and 연결문 A→B / B', and A=B

"What!?"

불완전한 문장

Jeremy stood up in astonishment.
_{놀람}

A↩

The white cat jumped out of his lap.

A↩

"What did you just say?"

A→B

p.36 의외의 전개

"I said I will rent the smaller space to this man, Mr. Lightfoot.

A→B   지금까지 종종 등장한 rent는 하나의 배우로 '임대료'란 의미였어요. 그러나 여기서 rent는 화살표로 쓰인 rent입니다.

Not everybody likes pies with green or purple frosting.

A→B   nobody는 '아무도 없다'란 의미지만, Not everybody는 '모든 사람은 아니다' 란 의미지요.

I myself prefer an apple pie better than a pie from hell."

A→B

"But this man is..."

A=(B)

The owner cut Jeremy off mid-sentence and said to Ed.

말의 중간

and 연결문 A→B and (A)⤴   owner가 cut한 것은 물론 Jeremy가 아니라 제레미가
하고 있는 말이에요.

"Well, if you want the place, you better hurry.

A⤴   이 문장의 if는 '조건'의 if입니다. if 다음에서 쉼표까지가 뒤에 나오는 문장이 일
어나기 위한 조건이에요.

The mall closes at nine.

A⤴

You have just about an hour."

A→B

"But..."

불완전한 문장

Ed was about to say something, but the owner gently pushed him out
the door with a wink.

but 연결문 A=B, but A→B

The door closed, and Ed stood there in the hallway alone.

and 연결문 A⤴, and A⤴

He could hear Jeremy saying something behind the door.

A→B=B'

p.37 복도를 따라 나오다

Ed took a step away from the door and almost fell down.

and 연결문 A→B and (A)↺

His legs were really weak.

A=B

He could not believe what had just happened.

A→B 부정문

Still in a dazed state, he started walking down the hallway.

상태

A→B

Past the restrooms, the video arcade, and back into the Food Court.

비디오   아케이드

불완전한 문장   본래는 앞 문장의 뒤에 붙어야 할, 여러 '장소'의 부록들입니다. 하지만
한 곳, 한 곳 스쳐가는 느낌을 주기 위해 별도의 문장으로 썼어요.

A surge of noise welcomed him.

큰 파도

A→B

Kids shouting, parents shouting after them, lots of music from various

다양한

94

가게 정면
storefronts, and the sound of a giant metal clock striking the hour.

> **불완전한 문장**   앞 문장의 A surge of noise를 구체적으로 나타내는 문장이에요.

> 본래 video란 audio(오디오)에 대칭되는 단어로, audio는 음성, video는 영상 전반을
> 가리켜요. 즉 '영상 게임'이 video game이지요. video game이 줄지어 늘어선 장소는
> video arcade라고 해요.

---

p.38 문 닫는 시간이 1시간 남았다

Ed shook his head and **stared** at the metal clock.

> and 연결문 A→B and (A)→B

Eight o'clock.

> **불완전한 문장**   o'clock은 of the clock입니다. 즉 eight o'clock은 eight of the clock,
> '시계의 8'이란 의미지요. 그냥 8시라고 기억해도 문제는 없지만, 왜 그런 표현이 되는지
> 흥미를 가지면 더 자연스럽게 기억이 될 거예요.

One hour before closing time.

> 불완전한 문장

Ed started slowly toward the exit, but **was** almost **running** by his third step.

> but 연결문 A↻, but (A)=B

교차로
The twenty-four hour bank machine was just **across the intersection.**

> A=B

He could easily **get there and back** in an hour.

    A→B   'there(저쪽)'와 'back(돌아옴)'을 get했다는 것은 '갔다가 돌아온다'는 뜻입니다.

p.39 만년 지각생 에드

파열하다
Ed burst out of the Truman's Department Store exit and **crossed the parking lot** at full speed.

    and 연결문 A↶ and (A)→B   burst는 '터지다, 파열하다'라는 의미지만 이 문장에서는 에드가 파열한 것이 아니라 '파열할 때와 같은 기세로 뛰쳐나왔다'는 의미입니다. 어떤 느낌인지는 아래 일러스트를 참고하세요.

속삭이다
Once outside, **the voice in his head started** whispering again.

    A→B

Something will go wrong, Ed.

    A↶   'Something(무언가)'이 'wrong(잘못된)' 방향으로 가고 있다, 다시 말해 '무언가 나쁜 일이 일어날 것이다'라는 의미지요.

You know that.

    A→B   that은 앞 문장 전체의 대역입니다.

You're going to be late again.

> A=B

Ed was always late.

> A=B

He was always late for school.

> A=B

He was always late for supper.

> A=B

He was always the last person to find a partner for dance parties.

> A=B

He was always late for everything.

> A=B

And he knew he would be late again this time.

> A→B   조연이 되는 문장을 색깔로 구분하면 다음과 같아요. He would be late again this time.

Ed dashed to the intersection of Valley Mills Drive and Lake Every Drive.

　　A↺

He was in such a hurry that **he ran** across the street without looking.

　　that 연결문 A=B that A↺　　that의 앞부분은 that 이하의 정도로 서둘렀다는 의미입
니다. that 이하는 둘러볼 새도 없이 거리를 건넜다는 의미지요. 어려우면 두 문장을 따
로 떼내어 읽어보세요.

A car almost **hit him.**

　　A→B

He dove to the ground, but **hurried** to his feet again.
_{서두르다}

　　but 연결문 A↺, but (A)↺　　get to his feet은 '발을 얻다', 다시 말해 '일어서다'라는
의미입니다. 이 문장에서는 get이 hurried로 바뀌었지만 의미상으로는 큰 변화가 없어
요. 다만 hurry하게, 즉 급히 일어섰다는 의미입니다.

Something would go wrong.

　　A↺　　wrong은 '어떻게'의 부록입니다.

The bank machine would be out of order.
_{고장}

　　A=B　　out of order는 order(정상적인 순서)에서 out하고 있다는 말이니까, 즉 '고장'

이라는 의미예요.

Or perhaps too busy.

불완전한 문장   본래는 앞 문장의 마지막에 조연의 일부로 붙어야 할 문장이에요.

Maybe he had not remembered his total balance correctly.
<small>잔고</small> <small>정확하게</small>

A→B 부정문

He would probably be one dollar short.
<small>부족한</small>

A=B

Maybe just one dime short.
<small>10센트 동전</small>

불완전한 문장

Ed sped across the sidewalk to the bank.
<small>질주하다</small>

A↩

The bank seemed to be open.

A=B

But he knew.

A↩

He just knew something would go wrong.

A→B

It was too good to be true.

A=B   too는 적정선을 넘어선 경우에 붙이는 '화장품'으로, 어떤 대상이 쓸데없이 넘쳐서 바람직하지 않은 상태를 나타내요. good으로 충분한데도 good을 초과했으므로 현실이라고 믿기지 않았다는 말이지요.

 미국의 화폐는 정말 다양합니다. 일상생활에서 사용하는 동전이 여섯 종류, 지폐가 여덟 종류이지요. 이외에도 국가적인 기념행사 등이 있을 때 특수한 화폐를 한정 발행해요. 지폐에는 숫자 뒤에 dollar를 붙이면 되지만($ 마크를 숫자 앞에 붙여도 돼요), 동전은 모두 개별 호칭이 있어요. 1센트 동전은 penny, 5센트 동전은 nickel, 10센트 동전은 dime, 25센트 동전은 quarter, 50센트 동전은 half dollar, 1달러 동전은 dollar coin 이라고 해요. 센트의 경우는 숫자 뒤에 ¢ 마크를 붙여서 표현할 수도 있답니다.

p.42 최후의 백 피트

But everything went fine.

A↻   이 문장의 fine은 '어떻게'의 부록입니다. good과 fine은 둘 다 '좋다'는 의미지만, good은 '나쁘지 않다'는 의미로 소극적인 '좋다'인 데 비해서, fine은 훨씬 더 적극적인 '좋다'랍니다. fine보다 더 좋을 때는 very를 붙이거나 great, excellent, fantastic, incredible, magnificent 등을 대신 써요. 영어에는 '좋다'는 의미를 나타내는 단어가 아주 많아요. '아주 좋다'는 의미를 상대에게 전달할 때 어떤 단어를 쓰느냐로 그 사람의 성격을 판가름할 만큼 종류가 많답니다.

Thirty minutes later, Ed returned to the mall's parking lot with all his money in his bag.

A↻

The entrance to the mall was only a hundred feet away.

피트(단위)

A=B 1피트(feet)=약30.48센티미터이므로, 100피트는 약30미터가 돼요.

He thought for the first time that maybe it was going to work after all.

A→B B 상자를 색깔 구분하면 that maybe it was going to work after all입니다. it은 이 문장에서도 특정한 대상의 대역이 아니라, 현재 상황을 포괄해서 지칭하고 있어 요. work는 '일하다'라는 뜻이지만 이 문장에서는 모든 것이 '잘되어 나가다'란 뉘앙스로 이해해주세요.

He remembered seeing the mall from the bus this morning.

A→B

It seemed like a long time ago.

A=B

Everything else seemed like a dream.

A=B Everything else는 seeing the mall from the bus this morning을 제외한 '지 금까지 일어난 모든 사건'을 말해요.

p.44 그 순간, 고양이가 그만……

The cat, which was lying near the entrance noticed Ed coming back, or rather noticed the bag coming back.

or 연결문 A→B=B', or (A)→B=B' A 상자의 which 이하는 The cat에 붙는 화장문 이에요.

It ^{습격하다} charged toward the bag and before Ed could dodge aside, jumped at the bag.

and 연결문 A↺ and (A)→B   before Ed could dodge aside는 '시간'의 부록입니다.

Ed was caught totally ^{완전히} off-balance and tumbled ^{넘어지다} to the ground.

and 연결문 A=B and (A)↺   off-balance한 상태로 고양이의 공격을 받아 tumble해 버리고 만 Ed.

The bag bounced ^{튀다} on the parking lot asphalt ^{아스팔트} and the rolling pin inside was thrown out.

and 연결문 A↺ and A=B

"Cat! Stop..."

(A)↺ 명령문

Before Ed could say another word, a black limousine came speeding across the parking lot.

A↺

It had followed Ed ^{몰래} stealthily all the way from the bank.

A→B

102

The limousine skidded up right behind him.
미끄러지다

> A↰   skidded는 '끼이익'하고 타이어의 고무가 미끄러지는 느낌이에요.

Before Ed could turn around, a hand shot out from the window to grab the
갑자기 뻗다
bag.

> A↰   shot은 총 등을 쏠 때 쓰는 단어지만, 이 문장에서는 엄청난 기세로 달려와 창문 밖으로 잽싸게 손을 뻗었다는 표현을 하기 위해 쓴 단어입니다.

Purely by instinct, **Ed tried to grab the bag** first.
본능

> A→B

But **the car was** still **skidding, and the rear end hit Ed** on the side.

> **and 연결문** A=B, and A→B   the rear end는 차의 rear end입니다. the side는 Ed 의 side고요.

He was flung away into the bushes.
내던지다   덤불

> A=B   flung는 원반 던지기처럼 무언가를 힘차게 휘두르고 나서 그 기세를 이용해서 내던지는 동작이에요.

He fell hard and **rolled** over on his back.

> **and 연결문** A↰ and (A)↰

As the car drove away, **he caught a glimpse of the driver.**

> A→B   glimpse는 '흘끗 보다'라는 의미로, 주로 '화살표'로 쓰이지만, 이 문장에서는 특별한 화장품인 a가 붙은 것으로 보아 '배우'로 쓰였음을 알 수 있어요. '한순간의 봄'이 라는 의미로, 우리말로는 표현하기 어렵지요. 영어에서는 화살표를 배우로 쓰는 경우가 종종 있고 glimpse는 일상생활에서 흔히 쓰는 표현이에요.

A tall black man.

> **불완전한 문장**　앞 문장의 the driver를 바꿔서 말했어요.

pp.46~47 일그러지는 세상

"My money... somebody... somebody help!"

> **A⤴ 명령문**　이 문장도 일종의 명령문입니다. 주인공은 사라지지 않았지만, somebody라는 호칭은 특정 인물을 가리키는 단어가 아니므로 사실상 주인공이 사라진 듯한 이미지가 있고 동시에 다급한 이미지를 줘요.

Ed got to his feet but fell down again.

> **but 연결문 A→B but (A)⤴**　got to his feet은 '발을 얻다', 다시 말해 '일어서다'라는 뜻이지요.

눈이 핑핑 돌다
He was dizzy.

> A=B

회전하다
The world around him was spinning.

> A=B

It was then that he realized the cat was nowhere around.

> **that 연결문 A=B that A→B**　It은 '시간'의 대역입니다. 어려우면 It was와 that을 둘 다 지우고 생각해보면 쉽게 이해될 거예요.

"Cat? Cat!?

불완전한 문장

Where are you!?"

A=B

Ed shouted as loud as he could, but **the world around him was** becoming darker and darker.

but 연결문 A↻, but A=B

No answer came back from the cat.

A↻

Something warm was running down his head.

A=B　　핵심이 되는 주인공은 Something warm입니다. warm은 주인공에 붙은 화장품이고요.

광고의
In the corner of his eye, **the advertising slogan** "Never too late to join the fun!" flew by, but **the "too late"** seemed brighter than the other words.

but 연결문 A↻, but A=B

He looked around desperately **for the cat** one last time before he began to
기절하다
faint.

A→B　　부록이 많이 붙은 문장입니다. 부록을 각각 분리해보면 다음과 같아요.

around / desperately / one last time / before he began to faint

"Cat..."

불완전한 문장

"Where are you...?"

A=B

Big Fat Cat의 영어 간식

밥만으로는 허전할 때
간식을 조금 먹으면 배가 부르지요.
하지만 밥을 잔뜩 먹고 나서
억지로 간식을 먹으면 도무지 맛이 나질 않습니다.
배가 약간 출출할 때 먹어야
몸에도 좋을 텐데요.

영어 간식도 무리해서 먹어선 안 됩니다.
맛도 없는데 굳이 간식을 먹을 필요는 없으니까요.

영어의 산은 어떤 형상일까?

산을 오를 때는 한 걸음, 한 걸음 내딛을 때마다 발끝에 유의하면서 걷는 것이 중요하지만, 발끝에만 너무 신경을 쓰다 보면 오히려 산 전체의 형상을 파악할 수 없게 됩니다. 영어의 산은, 결코 험난한 산은 아니지만 무척 큰 산이에요. 전체의 형상을 놓치지 않도록 종종 거리를 두고 영어의 산을 밀리서 바라봅시다.

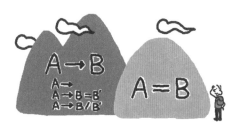

영어의 산에는 여러 요소가 있는 것 같지만, 결국은 A→B와 A=B, 두 개의 산이 있을 뿐입니다. 이 두 산의 크기와 배열 방법을 자세히 보세요.

크기는 A→B의 산이 더 크지만, A=B의 산이 앞에 있지요. 즉 A=B가 A→B보다 항상 우선시된다는 의미랍니다. 하지만 '우선시된다'는 것은 대체 무슨 말일까요?

이번 간식 시간에는 지금까지는 자세히 살펴보지 않았던 A=B의 무대 뒤쪽을 들여다보려고 합니다. A=B의 이미지를 확실히 파악하면, A→B와 구별하여 읽는 감각이 생길 거예요. 이렇게 되면 영어로 쓴 글일지라도 이야기의 흐름을 제대로 이해해서, 마치 현장에 있는 듯한 생생한 느낌으로 책을 읽을 수 있어요. 이런 흐름을 키우기 위해 갖춰야 할 필수품이 카메라의 필터입니다. 필터만 있으면 그 차이를 분명히 알 수 있어요.

필터 너머의 세계

아래에 두 개의 비슷한 문장이 있어요. 한 문장은 A→B이고, 다른 한 문장은 A=B라는 점이 유일한 차이지요.

The cat scratched Ed.
The cat was scratching Ed.

언뜻 보면 두 문장의 의미가 같다고 생각할 거예요. 하지만, 필터 너머로 이 문장의 모습을 들여다보면 다음과 같습니다.

The cat scratched Ed. (A→B)　　**The cat was scratching Ed.** (A=B)

이 그림을 보면 두 문장의 차이가 한눈에 드러나지요? 왼쪽 **A→B**의 문장에서 가장 중요한 부분은 주인공의 '동작'이므로, 'scratched(할퀴다)'란 행위가 잘 보이도록 카메라가 동작 부분에 줌 인(zoom in)하여 접근했어요. 이 문장의 주인공인 The cat의 시선으로 바라보고 있다고 할 만큼 가깝게 포착한 영상이지요.

이에 비해 오른쪽 **A=B**의 문장에서 중요한 부분은 '동작'이 아니라 '전체의 상황'이에요. 따라서 카메라가 줌 아웃(zoom out)해서 전체를 담았어요. 주위의 상황도 포함하여 멀리 떨어진 거리에서 물끄러미 '전체의 상황'을 바라보는 느낌이지요.

두 사진의 차이점은 무엇을 중요시 여기는가에 있어요. '→'가 오로지 '동작'을 강조하는 데 비해 '='는 펼쳐지는 '상황'을 파악하는 데 중점을 둬요. 소설 속에서 **A→B**의 문장 형태가 많으면 빠르게 동작이 이어지는 장면이 많다는 뜻이고, **A=B** 형태가 많으면 설명조가 돼요.

be가 일단 있어야

이제 두 문장의 이미지에 어떤 차이가 있는지 확실히 알았을 것입니다. 그 차이를 파악했다면 이제 왜 **A=B**가 **A→B**보다 우선시 되는지 자세하게 살펴봅시다.

가장 큰 이유는 '='의 95퍼센트를 차지하는 be라는 단어 때문입니다. be는 '존재한다'는 의미를 지닌 단어예요. 그리고 일단 주인공이 '존재한다'는 것은 모든 '동작'이 행해지기 위한 필수 조건이지요. '존재'해야 비로소 여러 가지 화살표 행동을 할 수 있으므로, 모든 동작(화살표)은 '존재한다'는 큰 틀 안에 포함되는 일부분이라고 할 수 있어요.

　A=B의 문장은 작은 부분에는 흥미가 없어요. 전체 모습을 파악하면 그것으로 임무 완료지요. 그다음부터 다루어야 할 세세한 부분은 A→B의 영역에 속해요. A=B는 대강 '아, 확실히 고양이가 에드를 할퀴고 있다'는 정도로 이해하면 그것으로 충분합니다.

　기본적으로 '존재한다'는 의미로만 쓰이는 A=B에 비해서, A→B는 온갖 동작을 취할 수 있기 때문에 압도적으로 수가 많은 것이 당연해요. 그러나 중요도로 보면 영어의 가장 기본적인 단어인 be가 핵심을 차지하는 A=B를 당해낼 수 없어요.

　즉 A=B가 A→B보다 '우선시된다'는 의미지요. 실제로 영어에서는 '등호'와 '화살표(혹은 그 변형)'가 한 문장에 다 있을 때, 언제나 '등호'를 더 중요시하므로, 그 문장은 말할 필요도 없이 A=B 문장 형태가 됩니다.

　이 요령을 터득하면 A=B 문장을 읽을 때 무척 도움이 돼요. 왜냐하면 A=B 문장은 혼동되기 쉽기 때문이에요. 기본적으로 B에 '배우'만 들어가는 A→B와는 달리, A=B는 B에 여러 가지 단어가 들어가요. 특히 변형된 화살표가 아무 일 없다는 듯 들어 있을 때가 가장 곤혹스럽지요. 이때 조금만 방심하면 A→B 문장으로 착각하게 된답니다. (물론 착각해도 큰 상관은 없어요. 치명적인 문제는 아니랍니다. 이 내용은 어디까지나 '간식'임을 잊지 말자고요!)

　혼동이 될 때는 영어의 기본 중의 기본 원칙인, 한 문장에는 화살표 아니면 등호 하나밖에 쓸 수 없음을 떠올려보세요. 동시에 '등호는 화살표보다 우선한다'는 것도 기억하고 있으면 제대로 문장 형태를 파악할 수 있답니다. 문장의 핵심이 되는 화살표나 등호를 이미 발견했다면 아무리 '화살표처럼 보이는' 단어가 있어도 그 단어는 결코 화살표가 아니란 점이지요. 특히 be(등호)를 발견했다면 be가 자동적으로 최우선이 되므로 이 이상 화살표가 있을 리 없어요.

　이 사실을 예문을 보면서 알아봅시다. B 상자의 핵심 단어에 집중할 수 있도록 모든 예문의 'A='까지를 **Ed is**로 한정하기로 하겠습니다.

여러 가지 A=B

보통 A=B에서 B 상자의 핵심이 되는 부분을 보면, 다음과 같은 유형이 가장 먼저 머리에 떠오를 거예요.

유형 1 '보자마자 알 수 있는 상황'

Ed is a man.
Ed is a baker.
Ed is a member of Everville.

Ed is a man.

이 경우는 간단하지요. A와 B의 상자에 똑같은 대상이 이름만 바꿔 달고 들어가 있을 뿐이니까요. 이런 문장은 줌 인으로 표현할 수 없어요. A=B, 즉 전체 모습밖에는 표현할 수 없는 문장입니다.

또 하나 머리에 떠오르는 A=B 문장 형태는 다음의 유형이 아닐까요?

유형 2 '내면의 상황'

Ed is happy.
Ed is poor.
Ed is nice.

Ed is happy.

보자마자 알 수 있는 상황을 묘사한 '유형 1'보다 더 복잡한 문형으로, 주인공의 내면의 상황, 즉 정신적인 상태를 주로 설명해요. 이 유형도 '유형 1'과 마찬가지로 A→B로는 표현할 수 없기 때문에 '줌 아웃'해서 전체 모습을 담았습니다.

이제 드디어 순서가 돌아왔어요. B 상자에 '화살표'가 들어가면 어떻게 되는지 살펴봅시다. '화살표를 넣는다'고 해서 변형하지 않고 그대로 넣었다간 반칙이 되어버려요. **Ed is**로 이미 등호가 하나 사용되었기 때문입니다.

따라서 화살표의 어미를 살짝 주물러주기로 합시다. 예를 들어 laugh라는 화살표를 넣는다면, laugh의 어미에 -ing를 붙여서 laughing으로 고쳐야 '배우'로 쓰일 수 있어요.

유형 3 '움직이는 상황'

Ed is laughing.

Ed is laughing.
Ed is watching a movie.
Ed is loved by everyone.

유형 1과 2의 '상황'이 비교적 에드의 일상적인 '상황'을 나타내는 데 비해, 유형 3은 리얼타임으로 에드가 '그때, 어떤 상황에 있었는가'를 구체적으로 설명해요. 이 laugh나 watch를 화살표로 사용하면 카메라로 줌 인해서 가까이에서 일어난 '상황'을 직접 묘사하는 문장이 돼요. 하지만 이 경우에는 좀 더 객관적으로 에드의 상황을 보여주고자 A=B의 문장 형태를 썼어요. 즉 '화살표'가 들어가야 할 위치에 이미 '='이 들어가 있기 때문에 '화살표'는 '=' 뒤에 붙어서 B 상자에 들어가게 되는 거예요.

참고로 세 번째 예문을 보고 이미 눈치를 챘겠지만, '화살표'에 -ed를 붙여서 '~되다, ~당하다'란 '화장품'으로 만들 수도 있어요. 이때도 -ing와 마찬가지로 B 상자에 들어가요. 그러나 -ing도 -ed도 '화살표'는 아니랍니다. 그 앞에 be가 있으므로 A=B 문장이에요.

A=B는 이처럼 여러 가지 형태로 응용할 수 있으므로, 영어에서 가장 기본이 되는 문장 형태입니다. 어떤 경우든 감정을 많이 담지 않고 멀리서 냉정하게 '상황'을 설명하므로 이런 문장 형태가 이어지면 지루한 문장이 되어버리는 결점이 있어요. 그러나 어떤 '상황'이든 설명하고자 할 때는 '줌 인'보다 '줌 아웃'이 단연 이해하기 쉬워요.

반칙? 혹은 테크닉?

마지막으로 A=B의 문장 형태를 활용한 보너스 테크닉을 소개합니다. '부록'도 B 상자에 넣어버리는 비장의 테크닉이에요.

보너스 '위치를 나타내는 상황'

Ed is on the bench.

Ed is on the bench.
Ed is at the table.

위의 두 예문은 종종 등장하지만, 앞에서 다룬 문장들과는 조금 달라요.

on the bench나 at the table을 '장소'의 부록으로 생각하면, 이 문장은 'A=' 문장 형태가 되어 'B가 사라진' 그리 흔치 않은 등호문이 됩니다. 그러나 이처럼 **Ed is**만 따로 떼서 생각하면 오히려 더 어려워요. 이런 경우는 on the bench를 B 상자에 넣어버리면 훨씬 더 쉬워집니다. 'Ed'가 'on the bench'에 있다는 '위치 상황'을 알려주는 문장이 되는 거지요.

문장 형태에 얽매이기보다 가벼운 마음으로 이해하기 쉬운 문장으로 바꿔서 생각해보세요. 문장을 이해하는 감각을 기르기 위한 방법이라면 뭐든 동원해도 좋아요.

어디까지나 A=B일 뿐

영어 문장이 '한 장의 사진'이라면, A→B나 A=B와 같은 '문장 형태'는 사진을 찍는 '렌즈'와 같아요. 하나의 피사체를 찍을 때도 범위는 어느 정도로 할지, 초점은 얼마나 뚜렷하게 맞출지에 따라 사진 자체의 이미지가 완전히 달라지잖아요. 사실만을 전할 때는 문장 형태가 많이 필요 없어요. 그러나 문장에는 감정을 담을 수도 있거든요. 이런 애매모호한 '감정'을 문장에 담기 위해 여러 가지 표현과 문장 형태가 생겨나는 것이에요. 의미 파악보다는 그 문장에 담긴 감정을 읽어내는 것이 오히려 중요할 수도 있어요. 서두르지 말고 단어에 담긴 감정을 음미하면서 읽어나가세요.

A=B를 자세히 설명했는데, 혹시 읽고 나서 혼란스러웠다면 다 잊어버리세요. 어디까지나 A=B는 A=B일 뿐이랍니다. 결국 '='이 나타나면 'A는 B다'라고 생각해버리면 그만이에요. be 와 그 친구들(am, is, are, was, were)을 발견하거든 바로 머릿속으로 '='로 바꿔서 생각하세요. 이것이 중요해요. 이것만 기억하고 있다면 충분해요.

be is '='

아, be와 그 친구들이 나왔군, 전부 '='이구나!

Big Fat Cat의 디저트

1권의 디저트는 에버빌 지도였지요.
이번에는 뉴 몰의 팸플릿입니다.
에버빌을 방문했을 때, 살짝 한 장 챙겨왔답니다.

이야기를 다시 읽어볼 때
팸플릿의 지도와 비교하면서 읽으면
위치 관계도 잘 이해될 거예요.

THE NEW EVERVILLE MALL

Never too lat

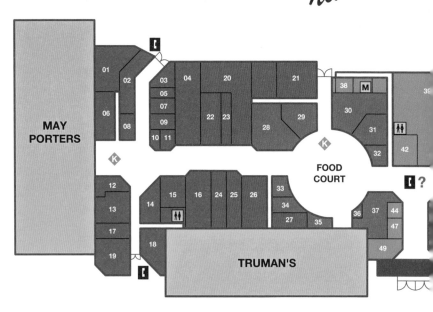

DEPARTMENT STORES	**MEN'S APPAREL**	**WOMEN'S SHOES/FAMILY SHOES**
May Porters	64 Goodman's	14 Infinite Shoes
Truman's	13 The Buckle Van	22 Payless Shoe Source
Truman's II	12 Beast Hides	
Hartland	66 English Outfitters	**JEWELRY**
		52 Jewelry Repair & Design
WOMEN'S APPAREL & ACCESSORIES	**MEN'S/WOMEN'S APPAREL**	24 Mercy Jewelers
47 The Distinguished Woman	23 The Big T	10 Pierce Paradise
15 Just For Today	26 Step	25 Glass Crafts America
53 Lilia Tharmans	63 Weekday Apparel	44 Karat
54 April's Boutique	60 First Choice	
55 21st Century	67 The Academy	**SPORTING GOODS & APPAREL**
16 Mom		56 Fishing Harbor
65 Spin	**CHILDREN'S APPAREL**	19 Racketown
39 Glamour Glamour	58 Short Fashion Closet	41 Fast Foots
	18 Kids & Kids	
	68 Baby in Our House	

o join the fun!

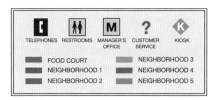

[TELEPHONES	**♦♦** RESTROOMS	**M** MANAGER'S OFFICE	**?** CUSTOMER SERVICE	**Ⓚ** KIOSK	

FOOD COURT
NEIGHBORHOOD 1
NEIGHBORHOOD 2
NEIGHBORHOOD 3
NEIGHBORHOOD 4
NEIGHBORHOOD 5

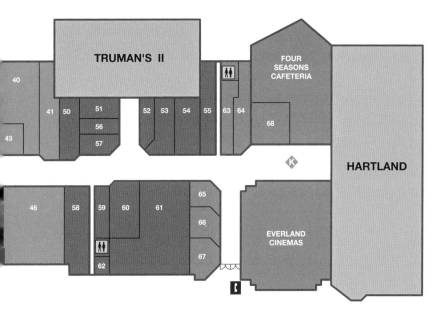

46 Best Bet Shoes
40 Goal

BOOKS, RECORDS, TOYS & ELECTRONICS
45 Golden Books
20 Seven Heavens
48 The Disk Stadium
42 Arcadia Alleyway
06 True Gamers
21 The Film Fan

SERVICE & MISCELLANEOUS
59 Wireless Communication Network
04 Body Care
05 Knight Dental Clinic
03 North Everville Eye Center

11 EMP
51 Pet Pad
09 Nail Artists
57 Dorleen Opticals
17 Magic Scissors
43 Amekia Hairstylists
02 Cool Glasses
50 Digital Media Warehouse
61 5th Street Drugstore

CARDS & GIFTS
49 Spyglass Gifts & Galore
08 Memories of Today
07 House of Cards

RESTAURANTS
32 Boston Candy Connection
35 Chicken Gourmet

31 Fast-To-Go Chinese Foods
30 Neverland Pizza Factory
34 Cookies & Cream
29 The Corner Cafe
36 ---
37 ---
28 Deep Sea Submarine Sandwiches
33 Health Camp

OTHER FACILITIES
01 Medical Center/Security Central
62 South Security Office
27 Service Central
38 North Security Office

2권을 끝내며

저희 Big Fat Cat 시리즈 스태프들은 1권 〈Big Fat Cat and the Mustard Pie〉에 보내주신 여러분의 성원에 이 지면을 빌어 감사의 인사를 전하고 싶습니다. 저희는 지금도 몇 번씩 반복해서 읽을 수 있는 재미있는 책을 만들기 위해, 느리고 더디지만 매 페이지마다 공을 들여 정성껏 만드는 데 온 힘을 기울이고 있습니다.

모든 것을 잃어버린 에드에게는 과연 어떤 운명이 기다리고 있을까요?
사라져버린 고양이는 에드에게 돌아올 수 있을까요?

한 가지 분명한 건 저희도 독자 여러분과 함께 영어와 이야기의 즐거움을 피부로 느끼면서, 에드와 고양이가 가는 길을 한 발 한 발 따라가고 있다는 사실입니다. 때로는 험난한 길이나 넘기 힘든 커다란 산과 마주치겠지만, 함께 이 길을 갈 수만 있다면 더 이상의 기쁨이 없답니다.

고양이와 함께하는 영어 여행은 계속됩니다.

스태프들을 대표해서
Takahiko Mukoyama

이 시리즈는 영문법 교재가 아닙니다. 학습서도 아닙니다. '영어 읽기'를 최우선 목표로 삼고 쓴 책입니다. 몸으로 체험하고 느낄 수 있도록 기존 영문법과는 조금 다른 해석을 실은 부분도 있습니다. 어디까지나 이제 막 영어 읽기를 시작하는 학생들의 이해를 돕기 위해서 의도적으로 도입한 장치들입니다.

STAFF

written and produced by Takahiko Mukoyama	기획 · 원작 · 글 · 해설 무코야마 다카히코
illustrated by Tetsuo Takashima	그림 · 캐릭터 디자인 다카시마 데츠오
translated by Eun Ha Kim	우리말 번역 김은하
art direction by Yoji Takemura	아트 디렉터 다케무라 요지
technical advice by Fumika Nagano	테크니컬 어드바이저 나가노 후미카
edited by Will Books Editorial Department	편집 윌북 편집부
English-language editing by Michael Keezing	영문 교정 마이클 키징
supportive design by Will Books Design Department	디자인 협력 윌북 디자인팀
supervised by Atsuko Mukoyama Yoshihiko Mukoyama	감수 무코야마 아츠코(梅光学院大学) 무코야마 요시히코(梅光学院大学)
a studio ET CETERA production	제작 스튜디오 엣세트러
published by Will Books Publishing Co.	발행 윌북

special thanks to:

Mac & Jessie Gorham
Baiko Gakuin University

series dedicated to "Fuwa-chan", our one and only special cat

Studio ET CETERA는 야마구치현 시모노세키시에서 중학교 시절을 함께 보낸 죽마고우들이 의기투합하여 만든 기획 집단입니다. 우리 스튜디오는 작가, 프로듀서, 디자이너, 웹마스터 등 다재다능한 멤버들로 구성되어 있으며 주로 출판 분야에서 엔터테인먼트와 감성이 결합된 작품을 만드는 것을 목표로 하고 있습니다. ET CETERA라는 이름은 어떤 분류에도 속할 수 있으면서 동시에 어떤 분류에도 온전히 속하지 않는 '그 외'라는 뜻의 et cetera에서 따왔습니다. 우리들만이 할 수 있는 독특한 작품을 만들겠다는 의지의 표현이자 '그 외'에 속하는 많은 사람들을 위해 작품을 만들겠다는 소망이 담긴 이름입니다.

옮긴이 **김은하**

유년 시절을 일본에서 보낸 추억을 잊지 못해 한양대학교에서 일어일문학을 전공했다. 어려서부터 한일 양국의 언어를 익힌 덕분에 번역이 천직이 되었다. 번역하는 틈틈이 바른번역 글밥 아카데미에서 출판 번역 강의를 겸하고 있다. 주요 역서로 〈클래식, 나의 뇌를 깨우다〉, 〈지구 온난화 충격 리포트〉, 〈세계에서 제일 간단한 영어책〉, 〈빅팻캣의 영어 수업: 영어는 안 외우는 것이다〉 등 다수가 있다.

Big Fat Cat Goes to Town
빅팻캣, 도시로 가다 빅팻캣 시리즈 2

펴낸날 개정판 1쇄 2018년 5월 20일
        개정판 6쇄 2024년 9월 16일
글작가 무코야마 다카히코
그림작가 다카시마 데츠오
옮긴이 김은하

펴낸이 이주애, 홍영완
펴낸곳 (주)윌북
출판등록 제2006-000017호

주소 10881 경기도 파주시 광인사길 217
전자우편 willbooks@naver.com
전화 031-955-3777
팩스 031-955-3778
홈페이지 willbookspub.com
블로그 blog.naver.com/willbooks 포스트 post.naver.com/willbooks
트위터 @onwillbooks 인스타그램 @willbooks_pub

ISBN 979-11-5581-166-5 14740